共享服务模式资源调度

于静　刘晓路　陈盈果　邢立宁　著

中南大学出版社
www.csupress.com.cn
·长沙·

图书在版编目(CIP)数据

共享服务模式资源调度 / 于静等著. --长沙：中南
大学出版社，2024.8.
ISBN 978-7-5487-5998-0

Ⅰ. G255.76

中国国家版本馆 CIP 数据核字第 2024AZ3818 号

共享服务模式资源调度
GONGXIANG FUWU MOSHI ZIYUAN DIAODU

于静　刘晓路　陈盈果　邢立宁　著

□出 版 人	林绵优
□责任编辑	史海燕
□责任印制	李月腾
□出版发行	中南大学出版社
	社址：长沙市麓山南路　　　邮编：410083
	发行科电话：0731-88876770　　传真：0731-88710482
□印　　装	长沙超峰印刷有限公司

□开　　本	710 mm×1000 mm 1/16	□印张 8.75	□字数 150 千字
□版　　次	2024 年 8 月第 1 版	□印次 2024 年 8 月第 1 次印刷
□书　　号	ISBN 978-7-5487-5998-0
□定　　价	68.00 元

图书出现印装问题，请与经销商调换

内容简介

　　本书对共享服务模式下的资源调度问题进行了介绍，包括共享服务模式、共享资源调度问题以及共享资源调度问题的求解模型与方法。全书共分为五章，第 1 章概述了共享资源调度问题的发展动态及相关研究成果；第 2 章对共享服务模式、共享资源调度问题进行了概念界定与剖析；第 3 章研究了共享资源调度问题的两种任务合成方法与五类共享检测方法；第 4、5 章分别对考虑共享服务的医疗资源调度问题与成像卫星资源调度问题进行了研究，包括问题描述与建模、共享资源调度问题的两种求解方法（改进蚁群算法与改进烟花算法）及其案例分析。本书中的相关概念与理论可为其他类共享资源调度问题提供参考。

前言

在当今信息化、网络化迅速发展的时代，共享服务模式已成为推动社会资源高效利用的重要手段。本书旨在深入探讨共享服务模式下的资源调度问题，为相关领域的研究者和实践者提供理论支持和实践指导。

本书的编写目的在于系统地介绍共享服务模式及其在资源调度中的应用。本书通过理论研究与案例分析，特别针对医疗资源和成像卫星资源调度问题进行深入研究。全书共分为五章，内容涵盖了共享服务模式的基本概念、资源调度问题的理论框架、任务合成方法、共享检测技术以及具体的资源调度求解方法。第1章概述了共享资源调度问题的发展动态及相关研究成果，为读者提供了背景知识。第2章对共享服务模式和资源调度问题进行了概念界定与剖析，为后续章节奠定了理论基础。第3章详细介绍了任务合成方法和共享检测技术，包括基于 MeanShift 聚类、基于完全图的两种任务合成方法；包含任务轮廓系数、CHI、DBI、模块度以及信息熵五种合成任务有效度量方法。第4、5章则分别针对共享医疗资源和共享成像卫星资源调度问题，提出了共享模式下的问题概念、具体的共享资源调度模型和对应的智能优化求解方法，并通过案例分析验证了任务合成方法与共享资源调度求解方法的有效性。

在此，要特别感谢所有参与本书编写和审阅的专家学者，他们的指导

1

和建议对本书的编写有着非常重要的作用。同时，也对所有支持本书出版的机构和个人表示衷心的感谢。

本书是在国家自然科学基金项目(52308439)、教育部人文社会科学研究项目(23YJCZH286)的资助下完成的，在此一并表示诚挚的谢意。

希望本书能够对读者有所帮助和启发，也希望能够为共享服务模式下的资源调度问题提供一些有价值的思路和方法。由于作者水平有限，书中难免存在不足之处，希望读者能够谅解和指正。我们将不断改进和完善，共同推动共享服务模式下资源调度问题的研究与实践。

于 静

2024 年 3 月

目 录

第 1 章
绪　论

　　我国著名信息经济学家乌家培先生认为：社会越发展，越要对信息资源进行合理的分配与科学的管理。在分配时，要做到在恰当的时候向恰当的对象提供恰当的信息。在管理时，要处理好集中与分散、节约与效率的关系，达到信息共享、支持决策的目的。目前，共享资源优化问题在科学、工程等领域都有着广泛的应用。群体智能优化方法以模仿自然界群体生物行为特征而生，为解决资源共享的优化问题提供了有效的思路与方法。

1.1　研究背景和意义

　　资源是人类最基本的需求，随着科学技术的发展，资源共享已经成为我国绿色经济发展的主题。在网络数字化时代，资源共享不仅可以提高资源利用率，减少闲置或浪费，激活资源再生，还可以提高社会生产效率、流通率，加速社会发展，创造更多社会价值。

　　伴随着互联网的飞速发展，共享模式已经渗透到人们生活中的各个领域。在交通领域的渗透——共享交通，如共享汽车、共享驾乘、共享自行车、共享停车位等。在空间资源领域的渗透——共享空间，如共享住宿空间、共享宠物空间、共享办公场所空间等。在金融领域的渗透——共享金融，如 P2P 网贷模式、众筹模式等。在知识教育领域的渗透——共享知识/教育，如维基百科及 MOOC(massive open online courses)将人们的"盈余认知"共享给更多的人。

1

此外，共享模式在共享医疗、共享物品、共享服务等领域都有较强的渗透。随着人们思维与生活方式的变化，以及社会多样化与用户个性化、多样化需求的增长，资源配置对共享模式的需求日益增强。

1. 缓解供需矛盾，合理配置资源

随着人民生活水平的提高，大众的需求水平与需求多样化也显著增加，普遍追求以更低的成本享受更高质量的服务。对于资源配置问题，资源与需求之间的供需矛盾是很突出的一个矛盾。例如，在只有出租车的时代，由于出租车数量较少而客户需求较大，大众很难打到车。随着经济的发展，我国汽车资源大量闲置。通过共享汽车的发展，使资源再次配置，扩充了"出租车"资源，减少了闲置汽车数量，大众几乎可以随时随地打到车。同样，在健身领域，ClassPass 公司通过对资源的整合，采用"整进散出"的模式，将纽约市的健身俱乐部联结在一起。用户每个月只需要支付 99 美元就可以在几百家合作的健身中心上课。

因此，对于当前供需之间的矛盾，通过利用共享模式下的资源重新配置，可以有效整合资源，使资源的布局与结构更好地满足多样化的需求，从而提高资源均衡配置的利用效率和大众的满意度。

2. 提高闲置、盈余资源利用率

目前在社会各领域都存在大量闲置或盈余资源，包括有形的闲置或盈余资源，如房子、汽车、设备等，以及无形的闲置或盈余资源，如技术、知识、经验等。对闲置或盈余资源最好的利用模式就是通过提高资源有效配置，使得资源利用率得到提高。

根据当前的医疗现状，患者往往要花 1~2 小时甚至更长的时间来准备就诊，可能只得到医生不到 5 分钟的诊治时间。针对上述情况，患者希望花更少的时间就能够就诊，医生也想通过重新配置自己的盈余时间与专业知识，使得更多患者得到医治，也可以获得额外的收益。一家名为 Medicast 的共享医疗公司，通过平台连接医生与患者，该平台主要服务的是如感冒发烧、较轻的外伤等可简单处理的病症。对于一些退休在家且经验丰富的医生，或者在医院一票难求的名医等，患者都可以通过平台预约，购买他们的"私人时间"来满足诊治需求。医生不仅可以获得一些额外的收入，对于年轻的需要提升经验的医生来

说，还可以提高自己的专业能力。这样通过对医生的闲置或盈余时间资源的重新配置，实现了医患双赢。

3. 多元共赢思想日益强烈

随着社会经济文化的发展，个体或组织的角色也变得模糊，不再明确区分消费者方或生产者方，每个个体或组织既是产品或者服务的供应者又是其使用者。信息不对称情况越来越少。这使整个社会经济体系中的权力变得更加分散，不再集中于少数供应商、生产商和政府手中。在共享模式下，大家致力于合作共赢，人们的需求可以通过个体或组织之间的赠送、交换、临时租赁、循环利用、共同使用、合作生产等方式得到满足，彼此之间的利益关系是相互促进的。因此，多元化个体、组织以及研究方法都在寻求各自的最优，以实现整体的"帕累托最优"。

共享汽车和共享医疗问题属于共享资源调度问题，实质上是带有共享机制的资源受限约束调度问题。这些问题同样需要从时间与资源两方面合理安排调度项目活动，在资源利用最优的同时实现既定目标的最优化。目前，资源受限约束调度问题涉及诸多工业和生活领域，如化工、物流、工程管理、半导体生产、钢铁制造、芯片制造、软件开发、铁路调度、港口调度以及飞机航线制定等。对于上述的资源受限约束调度问题，存在一个"寻优"过程，旨在满足一定约束条件的同时追求目标的最优化。在资源受限的情况下，较优的资源优化配置能带来更高的资源使用效率。因此资源优化调度问题在资源利用、结构设计、调度管理和后勤供应等许多领域已产生了巨大的经济效益和社会效益，同时在结构力学、生命科学、材料科学、环境科学、控制论等其他科学研究领域也有着广泛的应用。

资源如何共享，以及共享资源如何优化，是共享资源调度问题的核心。共享资源调度问题根据优化变量的取值类型可分为连续优化问题和离散优化问题两大类。随着科学技术的快速发展，离散优化问题日益增多，如指派问题、旅行商问题、车间调度问题、运输问题、背包问题、设施选址问题、图着色问题、聚类问题等，这些都属于离散优化问题，并且越来越受到诸多学科领域的相关研究人员的重视。针对这些离散优化问题，考虑到问题的复杂背景与实际生产生活中需求的多样性，出现了越来越多复杂组合优化问题。由于需求多样化和信息数据量的激增，这些问题往往成为大型复杂的优化问题。传统的优化方法

(如牛顿法、共轭梯度法、模式搜索法和单纯形法等)由于需要遍历整个搜索空间,往往无法在可接受的时间范围内得到最优解。对于现实生活中的大型复杂优化问题,由于实际工程问题的复杂性、约束性、非线性和建模困难等特点,探索高效优化算法已成为共享资源调度问题的主要研究方向之一。

针对共享资源调度问题,本文研究了共享服务模式、资源共享的任务合成方法,并介绍了不同共享服务模式下的智能求解算法设计。

1.2　国内外研究综述

1.2.1　共享模式

共享模式(sharing model)是资源、信息、知识、技术等在多个主体之间进行共同使用、共同拥有、共同开放的一种行为或模式。这一模式的核心在于"共享",即多个主体可以共同利用某一资源,从而提高资源的利用效率,减少浪费,并实现资源的优化配置。其核心理念在于通过互联网平台或其他技术手段,实现个体或组织之间闲置资源的共享与再利用。共享模式强调资源的高效配置和使用,旨在优化资源利用效率,降低成本,促进可持续发展。

共享模式定义为一种基于共享原则的经济行为,其中资源的所有者将闲置或未充分利用的资源,通过第三方平台,以临时租赁或共享的方式提供给需要的用户。共享模式内涵包括资源共享性、使用临时性、所有权与使用权的分离,以及通过技术手段实现的高效匹配。在共享模式中,各主体之间通过某种平台或机制进行连接,使得资源能够在不同主体之间流通和使用。这种模式的出现,不仅改变了人们对资源的传统使用方式,还促进了资源的最大化利用。

一些常见的共享模式包括共享单车、共享汽车、共享住宿等。这些模式的特点在于:它们通过互联网平台将闲置的资源进行集中管理,并以租赁的方式提供给需要的人使用。这种方式不仅方便了使用者,而且提高了资源的使用效率,减少了资源的闲置和浪费。此外,共享模式在各个领域都有着广泛的应用。Goudet 等人提到的共享模式是指多个组织或机构共同参与和协作的一种治理结构。

共享模式涉及不同层级和领域的组织共同工作,以实现对弱势社区提供更有效的服务和支持。在经济领域，共享模式通过优化资源配置，降低了生产和消费的成本，提高了市场效率。同时，它也为消费者提供了更多选择和便利，促进了消费市场的繁荣发展，并带来了消费者行为和企业经营模式的变革。在社会层面，共享模式加强了社区的联系和互助精神，通过共享资源满足社会成员的多样化需求，提升了社会的整体福祉。此外，共享模式有助于解决社会不平等和贫困问题，提高社会的整体福利。通过提供更广泛的资源访问权限，使更多人能够享受到高质量的服务和产品。

在科技领域，共享模式的发展依赖于互联网、大数据、物联网等技术的进步。这些技术不仅使资源共享变得更加便捷和高效，还为资源的实时监控和管理提供了可能。同时，共享模式也推动了科技的创新和发展，通过共享经济平台，个人和企业可以更加便捷地获取和利用各种资源，从而加速科技创新的进程，促进智能城市和可持续发展技术的发展。

在共享医疗领域，Tang 等人在初级保健中实施共享医疗预约(shared medical appointments，SMAs)，这是一种一组患有相同或类似长期病症(long-term conditions，LTCs)的患者与医疗专业人员一起进行的集体咨询或治疗。通过集体互动提高患者的健康管理能力和自我效能，同时提高医疗服务效率。

在共享通信网络领域，Bathalapalli 等人使用 Masked Authentication Messaging (MAM)通信协议来实现患者信息的交流、存储和共享，以保证医疗健康数据安全共享。为平衡电网负荷，减少备用容量需求，Sun 等人提出了基于共享模式的互联电力系统，实现电力互联和资源共享。为最大化网络整体性能，同时保持用户间的公平性和服务质量，Chinipardaz 等人基于共享模式提出了在异构网络(HetNets)中多个用户可共享相同频率子带的通信方法，实现了小区内不同用户同时使用不同子带进行数据传输，而不会相互干扰。多个应用程序远程直接访问内存带来的资源共享，虽可提高效率，但也面临资源分配不公可能导致性能下降的问题。因此，Chiba-Okabe 等人提出了一种基于税收和再分配的混合型资源管理策略，试图在追求自身利益的同时，促进整个群体的合作和福利。为了成本效益，越来越多的公司在共享的多租户系统上训练机器学习模型。

在项目管理领域，多项目并行执行时，如何在几个并行项目之间有效调度共享资源，同时优化整个多项目所需的非常规资源能力，已成为项目组织面临的关键问题。

资源共享的概念已经广泛渗透到各个领域。在交通领域，共享交通资源已成为新趋势。同时，音乐教育领域也在探索资源共享的可能性。工业物联网中，资源共享路径的引入为行业带来了新的发展机遇。在其他层面，如灾后救援，资源的有限性要求全社会不同行业的广泛参与和应急资源的共享。农业领域也在探索共享农业机械，以提供按需的农业服务。

共享模式作为一种创新的经济活动形态，已经成为现代社会发展的一个重要趋势。无论是在工业生产、项目组织、城市公共资源管理等领域，还是在应急救援等领域，共享资源的概念和实践都在不断发展和深化，设计有效的共享资源调度策略是提高资源利用率和客户满意度的关键。有效的资源共享策略对于提高资源利用率、促进创新和保障社会稳定都具有重要意义。因此，深入研究和探索共享模式，对于推动社会经济的可持续发展具有重要的理论和实践价值。

1.2.2 共享资源调度问题

随着人们生活水平的提高，需求水平与需求多样化也随之增加，人们对资源共享的需求日益增长。因此，对共享资源的有效配置与调度方法的需求也越来越高。共享模式下的资源调度方法是一种在多个用户或任务之间计算分配资源的策略，旨在提高资源的利用率。

针对多项目资源调度平衡问题，Sayyadi 等人初步对资源平衡问题（Resource Leveling Problem，RLP）和多项目调度问题（Multi-Project Scheduling Problem，MPSP）进行了资源调度研究。对于资源受限的多项目调度问题，You 等人基于资源共享原理建立了包含局部调度和全局协调决策的两阶段模型：在局部调度阶段，以最小化单项目完成时间确定单项目基本调度方案；在全局协调决策阶段，以最小化多项目总延误成本为总目标，设计了基于贪心分配策略的变邻域禁忌搜索算法来解决全局资源冲突。对于跨项目的共享资源问题，He 等人采用多智能体优化调度方法，提出了一种综合解决资源规划和调度决策方案的方法，实现了多项目多资源的共享调度。

针对共享车辆资源调度问题，Zhao 等人建立了鲁棒性较强的供需资源预测和多站点多车辆调度模型。为解决共享单车中用户无序使用的行为，Zhang 等人提出了符合实际价值驱动调度策略的新型公共资源调度系统，以在现实约束下生成有效的共享单车调度策略。同时，Tan 等人针对车辆的碳排放和调度时间、Jamil 等人针对共享车辆调度的实际适用性等进行了深入研究，提高了及时完成任务的百分比，减少了丢包、等待时间和端到端延迟。

针对共享卫星任务调度问题，主要通过任务合成方法来提高卫星资源利用率。在成像卫星任务调度系统中，白研究了卫星在单轨内任务间的最优合成观测问题、遥感卫星的动态合成观测调度问题、考虑基于分解优化的多星合成观测调度问题等。许采用图论中的团划分理论对成像侦察任务进行合成。王在文献中考虑了基于时间窗口上相邻任务间的合成。Liu 将观测卫星调度问题分为两个子问题：任务分配和任务合并。在任务分配中，提出了一种自适应蚁群优化算法来为每个任务选择特定的时间窗口，为每颗卫星创建一个任务列表，在任务合成中，开发了一种动态规划算法来为每颗卫星找到最佳的任务合成计划。基于改进的烟花算法，张等人先对任务间所有可能进行合成分析，然后基于合成任务建立基于任务合成的任务调度模型，并给出了相关求解算法，有效解决了密集任务成像卫星调度问题。

同样，对于共享资源的不确定性调度，学者们也进行了相关研究。在共享资源的动态调度方面，Ma 等人根据现有的农业机械调度模式和农业生产的实际需求，基于订单资源共享和农机资源共享，建立了满足动态需求的农机调度通用模型，基于改进遗传算法，提出了按需耕作服务的共享农业机械动态调度方案，并通过与实际生产情况进行比较，验证了基于共享资源调度模型的可行性和有效性。对于实时共享资源动态调度问题，Carlos 等人考虑了共享资源（例如蒸汽和水）的同时消耗对系统动态的影响，提出了一种闭环调度方法，解决了生产和批处理过程如何与共享资源结合的调度问题。Deng 等人根据共享的车-货匹配实际情况，采用粒子群优化和遗传算法设计了完整的动态调度策略，以提高需求者响应成功率和平台资源利用率。

在应急资源共享调度方面，研究者提供了一条从感知预测、调度优化到系统管控的共享资源调度研究路径。例如，Fang 等人提出了一种基于感知和预测批处理的共享内存请求调度策略。针对应急资源调度问题，Cui 和 Zhao 分别设计了一种基于应急贡献指数的社会应急资源共享调度模型和城市应急资源调度优化模型，以达到优化和提升应急资源高效调度的目的。针对应急共享资源管理问题，Gu 等人提出了一种用于深度学习作业的高效 GPU 资源管理平台，实现了智能资源需求估计和调度。

上述共享资源调度问题属于经典资源约束调度问题的范畴，资源约束调度问题至今仍是调度领域中最难求解的问题之一。在许多实际工程项目中，许多学者会选择基于启发式优化算法对共享资源调度问题进行求解。因此，本文拟从共享服务模式、共享模式在资源调度问题中的建模与应用，以及算法设计等方面进行重点详细介绍。

第 2 章

概念界定与研究框架

基于资源概念与共享理念，本书提出了一种共享服务模式，通过任务重组对资源进行重新配置，以达到提高资源利用率的目的。首先，给出了共享服务模式的定义，分析了共享服务模式的特点、必要性、核心要素，以及共享服务模式下的任务合成的基本流程。随后，基于经典资源调度问题，给出了共享服务模式下资源调度问题的问题界定与剖析，包括共享资源调度问题及其目标函数与约束条件的分析，并对该问题的特点、难点进行了讨论和说明。最后，给出了共享服务资源调度问题的问题框架设计与研究思路。

2.1　概念界定

2.1.1　相关概念

在理解共享服务模式之前，先通过文献明确资源、信息资源、信息资源共享和共享服务模式的概念与含义。

1.资源

传统的资源概念术语属于生态学、经济学和社会学范畴。20 世纪中后期，资源在管理科学、信息管理学等领域得到了延伸和发展。现代社会的资源是一个以自然资源为基础，以社会资源为发展，多层次、由复杂要素构成的资源系统。从经济学角度来看,资源的概念多种多样,美国经济学家阿兰·兰德尔的观点为:"资源是人们发现的有用途和有价值的物质。"姚子辉认为:"资源,简单地说就是人力、物力和财力,通常把它表达为可供物质材料生产和再生产的生产要素。"也有学者认为:"资源是指一切在生产经营过程中能带来价值和使用价值的投入要素,包括劳动者、劳动资料、劳动对象、科学技术、生产信息、生产教育和生产管理等实物和非实物形态。"

资源的涵盖对象也在发生变化,其涵盖对象的演变可概括为:从自然资源延展到社会资源,从自然资源延展到经济资源,从有形资源延展到无形资源。联合国环境署的资源定义区分了自然资源和社会资源。自然资源是指一定时间、地点条件下能够产生经济价值,以提高人类当前和未来福利的自然环境因素和条件,如阳光、空气、水、土地、森林、草原、动物、矿藏等。社会资源是指一切能够用来创造财富的社会因素和条件,如人力资源、信息资源以及劳动创造的物质财富。

2. 信息资源

20 世纪 70 年代,信息资源(information resource)最早由沃罗尔科(J. O. Rourke)于《加拿大的信息资源》一文中提出,并非所有的信息都是资源,只有经过人类开发、组织与利用的信息才能成为信息资源。信息资源在我国 20 世纪 80 年代中期以后开始流行。由于不同学科和同一学科的不同学者对信息资源的理解存在差异,学术界至今对信息资源的概念未达成共识。尽管国内外学者对于信息资源概念的界定各有千秋,但总的来说可以归纳为广义的信息资源和狭义的信息资源两种。

广义的信息资源是指信息活动中各种要素的总称,既包括信息本身,也包括与信息相关的人员、设备、技术和资金等各种因素。狭义的信息资源是指文献资源或者数据资源,或者各种媒介和形式的信息的集合,包括文字、声像、印刷品、电子信息、数据库等。狭义的信息资源只限于信息本身,而不包括其他因素。本文中所涉及的信息资源属于广义的信息资源。

信息资源作为一种特殊资源,有别于传统的物质资源和能量资源,不仅具有一般资源所具有的需求性、稀缺性与可选择性,同时还具有不同于一般资源的知识性、共享性、准公共物品属性、时效性、不可分性、不同一性及不可驾驭性。

3. 信息资源共享

20 世纪 70 年代初，由于通货膨胀、图书馆预算锐减和图书馆网络发展等的影响，美国图书馆纷纷参与各种资源共享计划，"资源共享"成为当时美国图书馆学界研究的热点。因此，美国图书馆界借用"资源共享"提出了"图书馆的资源共享"（resource sharing in libraries）和"图书馆资源共享"（library resource sharing）等相关专业术语。1977 年，美国图书馆学家肯特（Allen Kent）提出了"共享"与"信息资源共享"的概念。他指出，"共享"是指分配、调拨或者贡献自己所拥有的、有益于他人的事物。"信息资源共享"最确切的意义就是互惠（reciprocity），参与的成员首先要拥有可以共享的信息资源，并有共享资源的意愿和可以实行的实施方案形式。信息资源共享这个专业术语于 20 世纪 90 年代后开始流行。由于信息资源包含的内容多种多样，所以也对应各式各样的信息资源共享。信息资源共享的目标定位是：通过减少信息资源的重复配置，提高信息资源的保障率，以最大限度地满足用户的信息资源需求。

4. 共享服务模式

共享即分享，是指分配、调拨或者贡献自己有益于他人的事物。分享自古便有之，远古时代人类一起狩猎，然后互相分享各自的食物和其他资源。古希腊人通过相互之间的分享而相互依存，通过分享他们各自的工具，一起收割庄稼，一起保护属于自己的领地。人们通过分享物品、知识、技能进行交流，获得自我内心的满足和利益。互联网出现后，分享的形式就变得多种多样，人类可共享的信息资源也变得多种多样，如共享汽车、共享知识/教育、共享医疗、共享公共资源等。但是这些共享模式都有同一个目标，就是最大限度地满足人类的需求或者其他方面的收益。本文基于广义的信息资源，将共享服务模式的概念作如下定义：

定义 2.1　共享服务模式：在同一有限时间段内，一个或多个用户在满足特定的约束条件下能够共同使用一种或多种信息资源，以追求用户最大收益或资源的最大利用率的模式。

5.共享服务模式的特点

（1）共享性

资源的共享服务主要包括资源的共同分享和共同使用。

1）若服务资源（设备、相关人员等）相对"空闲"，那可将"空闲"的资源提供出来，使其在工作时间段内成为"公共资源"，供享有使用权的用户使用。

2）即使用户对某信息资源没有所有权，只要享有使用权就可以进行相关的服务。共享服务模式的核心思想就是把闲置的资源提供给需要的人，由此创造价值。

（2）相似性与差异性

在同一时段内被同一资源服务的用户个体之间需要存在一定的相似性，同时也允许存在一定程度的差异性。

（3）自愿性

用户自愿选择共享服务模式，即元任务模式或者合成任务模式。元任务模式是指单一的需求方在同一时间段内使用同一种或多种资源的情况；合成任务模式是指多个需求方在同一时间段内使用同一种或多种资源的情况。

2.1.2　共享服务模式的核心要素

我国著名信息经济学家乌家培先生认为："社会越发展，越要对信息资源进行合理的分配与科学的管理。在分配时，要做到在恰当的时候向恰当的对象提供恰当的信息。在管理时，要处理好集中与分散、节约与效率的关系，达到信息共享、支持决策的目的。"在共享服务模式背景下的信息资源分配问题中，判断共享服务模式好坏的核心要素为：共享理念、个性化需求、个性化供应、供需匹配和合成任务。如图 2-1 所示，共享理念为共享服务模式的理念要素，阐述了共享服务型问题的思想；个性化需求与个性化供应为其特征要素，表明了共享型服务模式的需求多样化及智能化；供需匹配和任务合成两要素为共享服务模式的两大影响要素，指导如何提升供需双方的收益及满足供需双方的需求。接下来，分别针对五大核心要素进行介绍。

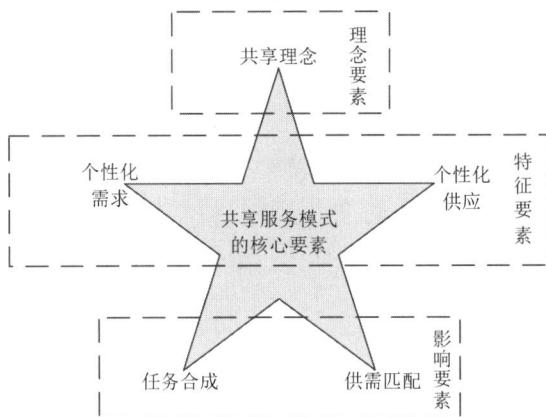

图 2-1 共享服务模式的核心要素

1. 共享理念

共享理念改变了消费者对传统消费的认知，强调使用权的思想，弱化所有权的观念，强调消费的过程，弱化拥有的思想。例如，对于某辆车，消费者可以没有这辆车的所有权，但可以拥有这辆车在某段时间的使用权。这种共享理念对于供需双方来说都是积极的，通过该共享理念，资源提供者可以通过共享信息资源来增加收益，而消费者可以通过降低使用成本来满足需求。对于共享资源调度问题，资源共享的目标被学术界定位于："通过减少信息资源的重新配置，提高信息资源的保障率，以最大限度地满足用户的资源需求。"

2. 个性化需求

需求者的需求日益多样化，资源提供者也相应地扩展了多种资源服务模式。对于某问题提供的资源，每个需求者都可以根据自己的偏好选择信息资源款式，并决定是否使用。例如，滴滴出行的乘客可以根据自己的偏好，选择出发地、目的地，并选择快车、专车、顺风车等服务；Airbnb 的房客可以根据自己的偏好，选择是住在蒙马特小巷，还是枫丹白露古堡，还是塞纳河畔大学城老式公寓，还是巴比松的农舍。在共享服务模式下，个性化需求将得到最大程度的满足。

3. 个性化供应

个性化需求的多变性与多样性促进了个性化供应的产生。供应商或者资源提供者可根据需求特征和供给条件选择是否接受任务或者服务需求者。如果选择接受任务或者服务需求者，接下来选择哪种服务方式，都属于资源提供者个性化的决策。例如，在滴滴出行中，司机可以根据自己的时间选择是否出行，也可以根据工作时间、工作时长选择出行服务的模式。

4. 供需匹配

在共享服务模式中，资源供应者与需求者相互连接，双向提供服务，互为条件，相互促进。与传统服务模式不同，共享模式不是将服务产品单向地向消费者传送，而是允许消费者向资源供应者提出需求，定制个性化的服务产品。理论上，共享模式可以极大地扩展供需网络规模，实现所有资源供应者与需求者之间的匹配。这种情况在经济学中被称为"稠密市场"（thick market）。斯坦福大学经济学教授 Paul Oyer 指出，稠密市场的好处之一是供应的大幅增加提高了匹配成功的可能性。然而，"稠密市场"也会导致供需匹配速度的问题。另外，当前社会处于急速发展的时代，互联网的飞速发展加快了某些信息资源的迭代更新，资源提供者和需求者处于一种"移动"的状态，也会增加供需匹配的难度。

通过共享理念，可缩小供应端与需求端之间的差距，最大程度地实现供需高效匹配，提高供需双方的满意度。但是，当共享模式发展到一定程度时，"稠密市场"的规模会变得很大。因此，如何解决"稠密市场"带来的市场拥堵问题，以及在这种情况下如何保持供需平衡，变得非常重要。

5. 合成任务

由于资源的有限性，在实际问题中常出现供需不平衡的情况。例如，在外卖送餐问题中，如果外卖员一单一单地去送，显然不是明智的选择，这不仅浪费时间，而且会走许多重复的路线。在这种情况下，可以考虑将邻近区域范围内的取餐订单或送餐订单进行"捆绑"，以提高供需匹配效率。因为在共享模式下，允许多个用户在相同的时间段内，在满足特定的条件下共用一种信息资源。因此，针对"稠密市场"带来的市场拥堵问题，可以考虑将在同一共享服务模式下的若干相似任务组合起来作为一个合成任务。此时，如何将相似任务有效合成，或者选择哪些项目进行组合，成为了决定供需匹配效率的关键问题之一。任务合成效果的好坏直接影响供需匹配效率及其各自收益。所以，合成任务的效果是决定供需匹配效率问题的关键因素，同时也是影响共享服务模式成效的核心要素之一。

2.1.3　考虑共享服务模式的问题求解流程

在分析了共享服务模式的五大核心要素后，我们对共享服务模式的理念、特征及影响因素有了清晰的认识。接下来，将详细介绍基于共享服务模式的问题求解流程。如图 2-2 所示，基于共享服务模式的问题求解流程主要分为三个步骤：问题构造、任务合成过程和基于合成任务的问题建模与求解。

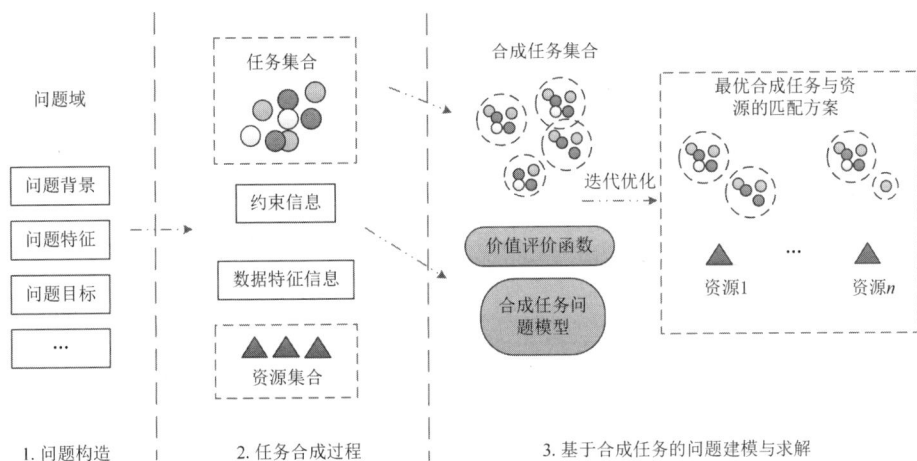

图 2-2　任务合成流程图

1. 问题构造

在问题构造阶段，决策者需要识别涉及的资源提供方与需求方的问题特性，提取供需双方特征数据信息间的约束依赖关系，并明确基于共享服务模式的问题背景、问题特征、问题目标、问题结构以及问题约束等。

2.任务合成过程

在满足任务间的约束信息与数据特征信息的条件下，根据任务间的相似性特征，我们可以完成相似任务的合成。一个合成任务是一组具有高度相似性特征的任务集合。数据特征信息包括任务方与资源方的基本信息与约束信息。任务合成过程决定合成任务集合的质量，是供需匹配效率问题的关键因素。

3.基于合成任务的问题建模与求解

在任务合成完成后，我们可以根据合成任务约束、资源约束以及需求方的需求关系，建立有限资源调度问题的收益评价函数与合成任务调度模型；接着，我们采用智能优化算法对所构建的数学模型进行求解，并通过收益评价函数的指导，得到较优的合成任务调度方案。

2.2 问题界定与剖析

本节主要介绍了共享服务模式的资源调度问题，共享服务模式下资源调度问题特点、难点分析，以及该问题整体研究框架设计。

2.2.1 共享资源调度问题

传统的调度问题以单个任务为分析对象，但当某些任务的重合度或相似度较高(如滴滴拼车中同一相似地域的不同乘客)、任务数量多或很密集(如卫星的合成任务)时，使用传统的资源分配方案会使得资源利用率不高。此时通过任务的合成技术将任务进行合成，每个合成任务作为一个任务单元，依据任务的合成方案对资源进行重新配置与规划来提高资源的利用率。共享模式下的资源调度问题与一般资源调度问题最根本的区别在于被执行任务的类型，一般资源调度问题中被执行的任务以单个任务为单元，而共享资源调度问题以几个具有较高相似性的任务作为一个任务单元。共享模式下的资源调度问题通过减少资源的重复配置，提高资源的利用率与保障率，以最大限度地满足用户的资源需求。

1. 共享资源调度问题

基于共享模式的资源调度问题强调了在特定时间段内，将有限的资源根据一定规则分配给不同的合成任务的过程。类似地，一个共享服务模式的资源调度问题包含任务集合 $J = \{J_1, J_2, \cdots, J_n\}$、合成任务集合 $\tilde{J} = \{\tilde{J}_1, \tilde{J}_2, \cdots, \tilde{J}_n\}$、资源集合 $M = \{M_1, M_2, \cdots, M_m\}$、约束条件集合 $C = \{C_1, C_2, \cdots, C_T\}$，以及目标函数。其中，$\tilde{J}$ 为合成任务集合，代表需要被调度的合成任务集合，每个合成任务或集合活动的完成都需要花费一定时间，并占用一定资源，每个合成任务 $\tilde{J}_i$ 至少包含一个任务。为了区分元任务与合成任务，作如下定义：

定义 2.2 元任务：有限资源调度问题中的单个任务称为元任务，元任务包含的任务数量为 1。

定义 2.3 合成任务：在共享资源调度问题的同一个时间段内，彼此间具有相似性且同时满足合成条件的几个元任务组成的集合称为一个合成任务。生成合成任务的过程称为任务合成过程。任务间的相似性称为相似度，任务间相似度越高，被合成为一个合成任务的概率就越大。一个合成任务包含一个或多个元任务。

资源集合代表了可以完成任务或活动所必须的信息资源，包括相关的人员、设备、技术、资金和原材料等。在资源调度过程中，每个合成任务对资源的需求都必须满足资源的能力限制。例如，在医患匹配问题中，每个医生可以分配的就诊时间就是医患调度问题中的资源。在外卖订单配送问题中，外卖员作为该调度问题的资源，同时送出的订单就是该调度问题中的合成任务，目标是以最短时间完成配送过程。约束条件集合汇总了该资源调度问题的所有约束条件。调度问题在满足资源的约束条件下，为每个任务或活动确定执行方案和分配资源，以寻求资源调度的最优化。

2. 约束条件

(1) 共享资源约束

对于共享资源调度问题而言，"共享资源"不仅包括信息资源本身，还包括与信息活动相关的人员、设备、技术和资金等各种资源。在实际的共享资源调度问题中，资源约束是调度问题非常重要的约束之一，共享资源调度问题与一般的资源调度问题类似，也会因为资源(人力、设备等)分布不均或者管理不善而得到不合理的调度方案。在共享资源调度问题中，资源稀缺往往成为该问题的一个显著限制条件，为了提高任务的完成率，通常有两种方法可以改善：一是增大资源规模，二是减少资源的不必要重复配置。然而通过增大资源规模来提高任务的完成率的方法通常是难以实现的。以中国大型医院的医患调度问题为例，每天都有成千上万的患者前来就医，此时医生作为一种非常稀缺的"资源"，如果仅通过扩大医生队伍规模来提高患者就诊效率，对医院来说是非常困难的。

下面就共享资源调度问题中的资源约束以及目标函数进行详细说明。根据文献，项目资源基本上可以分为可更新资源、不可更新资源、双重限制资源与部分可更新资源。

可更新资源(renewable resource)在每个时段的供应量是有限的，但并不随着项目的进展而消耗，例如固定的劳动力、一般的机器、设备、场地、人力资源等。

不可更新资源(nrenewable resource)又称为消耗性资源，在项目启动时以总量出现，并随着项目的进展而逐渐消耗，例如各种原材料、能源、存储空间等不可再生的资源等。

双重限制资源(doubly constrained resource)是指在项目各阶段供应量有限，并且在整个项目中的总量也受限制的资源，例如资金就是典型的双重限制资源。双重限制资源实际上为可更新资源与不可更新资源的特殊情况，可以用两种资源加以限制描述。

部分可更新资源(partially renewablc resource)是指在部分时段内受限的可更新资源。例如，因工作排班要求，只在已安排或者固定时间段内工作的人力资源，或因设备安排要求，只能在特定时间段内工作的设备或机器资源。Bottcher 等人指出，可更新资源与不可更新资源实际上均是部分可更新资源在定义区间或者约束条件上的一种扩展，可以用部分可更新资源加以表述。

上述四类项目资源通常可以通过限定或扩展其定义区间与约束条件来实现连通。本文主要讨论的资源类型为可更新资源。在不特别说明的情况下，资源约束即指在项目调度问题中的可更新资源约束。

(2)一般约束

基于共享服务模式的资源调度问题主要有资源约束与时间约束两种情况。

资源约束条件与资源种类、特征息息相关。常见的时间约束包括时序约束与时间窗约束。

①时序约束

时序约束(time schedule constraint)是根据任务允许的开始时间、结束时间等信息来描述合成任务之间的优先关系。通常,一个项目的一系列任务之间都存在优先关系,通过任务合成过程后的合成任务之间也存在优先关系。针对特定的任务序列,限制任务只能在某一任务序列上开始。当某任务的所有紧前任务已经完成,而下一个可被执行任务的开始时间还未到,那该任务只能等待,因此就会造成额外的等待时间。例如,交通时刻表或者航班时刻表,即使前一班次已经到达,也只能等到当前要出发的班次到达其开始时间后才能出发。

合成任务之间的时序关系由它们的优先关系决定,只有完全执行完一个合成任务后,才能继续执行其后续可执行合成任务。为了后续文章的描述,给出如下两个定义:

定义 2.4 执行完一个合成任务后能继续执行的后续合成任务,称为该合成任务的可行紧后合成任务。

定义 2.5 如果合成任务是另一个合成任务的可行紧后合成任务,那么另一个合成任务为该合成任务的可行紧前合成任务。

合成任务可以用节点式有向网络图来表示它们之间的优先关系,如图2-3 所示。其中,元任务 1~7 合成了 5 个合成任务,其前后的指向关系代表它们之间的优先关系。合成任务 1、2 与合成任务 3 需要被最先安排,合成任务 1、2 为合成任务 4、7、5 的可行紧前任务,一个任务可以有多个可行紧前任务(如合成任务 1、2 与合成任务 3 为任务 5 的紧前任务);合成任务 4、7 为合成任务 1、2 的可行紧后任务,一个任务也可以有多个可行紧后任务(如合成任务 5 与合成任务 6 为合成任务 3 的紧后任务)。合成任务 1、2 或合成任务 3 属于同一优先系,有相同的概率紧跟其紧前任务被执行。

②时间窗约束

时间窗约束(time-window constraint)用来描述项目中任务允许的开始时间、结束时间等信息,限制任务在特定时间区域内被执行。如果任务有时间窗约束,那么该调度问题需同时考虑任务间的优先关系与时间窗约束的时间区域限制。

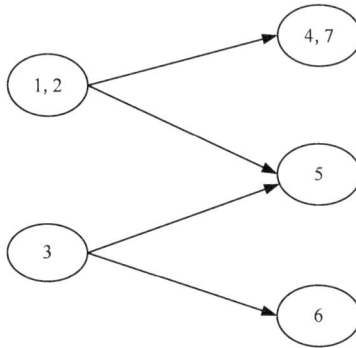

图 2-3　合成任务优先关系网络图

下面定义合成任务时间窗，设某项目包含 n 个任务，其时间窗集合 $W = \{[ws_i, we_i]\}$，其合成任务的时间窗口为 $\widetilde{W} = \{[\widetilde{ws}_l, \widetilde{we}_l], l = 1, \cdots, N\}$，其中，

$$\widetilde{ws}_l = \min\{ws_1^l, \cdots, ws_k^l\}$$

$$\widetilde{we}_l = \max\{we_1^l, \cdots, we_k^l\}$$

第 k 个合成任务的开始时间 $\widetilde{ws}_l$ 为其合成任务 $\widetilde{J} = \{J_1^l, J_2^l, \cdots, J_k^l\}$ 中元任务集合的最早开始时间，其结束时间 $\widetilde{we}_l$ 为 $\widetilde{J}_l$ 中元任务集合的最晚结束时间。

3. 目标函数

一个项目在立项之前就已经有了基本的项目目标，项目目标一般考虑时间、费用以及质量三个维度，如图 2-4 所示。

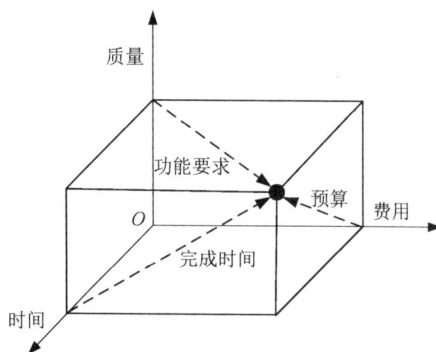

图 2-4　项目目标的三个维度

图 2-4 中所描述的三个维度目标，其中最重要的是时间维度目标，即项目能够在规划时间内完成或者在尽可能短的时间内完成。对于资源约束的调度问题，除了满足时间维度与质量维度上的目标，在满足相关资源约束条件的情况下，还需使得资源利用率尽可能大或资源闲置率尽可能小，进而使得项目总费用尽可能降低。随着用户个性化需求种类的增加，客户满意度成为项目中越来越重要的目标。因此，对于某些共享资源调度问题，还需衡量客户的满意度指标。

2.2.2　共享资源调度问题特点分析

共享服务模式下有限资源调度问题的求解质量，除了受一般约束条件的影响外，任务合成影响因素与任务合成模式也是影响资源调度问题求解质量的重要约束。下面从任务合成效果与任务合成模式两方面阐述共享服务模式下资源调度问题。

1.资源调度问题的任务合成影响因素

任务合成阶段的合成效果直接影响共享服务模式下资源调度问题在调度求解阶段的求解效果。任务合成阶段应在保证合成任务多样性的前提下，避免问题规模过大或过小。若问题规模过大，会急剧增加调度求解时间；若问题规模过小，则会降低解空间的多样性。因此，如何在保证合成任务多样性的同时获得可接受的算法求解时间，是本问题的一个难点。

任务合成过程主要受任务间相似性的影响。任务间的相似性越高，被合成为一个合成任务的概率越大；相似性越低，被合成为一个合成任务的概率就越小。合成任务是几个任务根据一定规则进行捆绑后合成的一个整体任务。任务合成过程主要受"捆绑规则"主导，"捆绑规则"的优劣直接影响合成效果。如何制定相关的"捆绑规则"非常重要，任务合成的"捆绑规则"主要受以下几个因素的影响：

任务间的相似性：共享资源调度问题中任务间的相似性可以用任务间的"相对距离"来表示，可以是任务之间的物理距离或时间差，或者同时考虑两种维度上的物理距离和时间差距，具体取决于资源调度问题的具体背景。如果问题研究背景为外卖员送单问题，则订单之间的相似性需要同时考虑它们的物理距离与时间距离。

任务特征：任务特征包含任务本身的基本属性、基本信息以及偏好信息等。如任务优先级特征、任务偏好特征等。

资源约束：任务合成过程受资源限制的影响，不同的任务合成规则会影响合成任务对资源的占用量。一个有效的任务合成规则不仅需要满足相关的约束条件，同时还要兼顾相关的资源约束，以追求更高的整体资源利用率。

图 2-5 展示了不同资源约束下元任务与合成任务的资源分配情况。其中，条带 1 与条带 2 分别代表执行 1 个元任务占用资源 1 和资源 2 的单位资源。条带 3 与条带 4 分别代表 1 个合成任务对资源 1 和资源 2 的占用量。通过任务合成后，对不同资源的整体占用量会有所不同，可能会节约某种资源的使用量，也可能会增加某种资源的使用量。例如，在图 2-5 中，通过任务合成后，对资源 1 的总体占用量减少了，而对资源 2 的总体占用量增加了。因此，在任务合成的过程中，不仅要考虑资源约束的影响，还需要全面考虑资源的利用率。

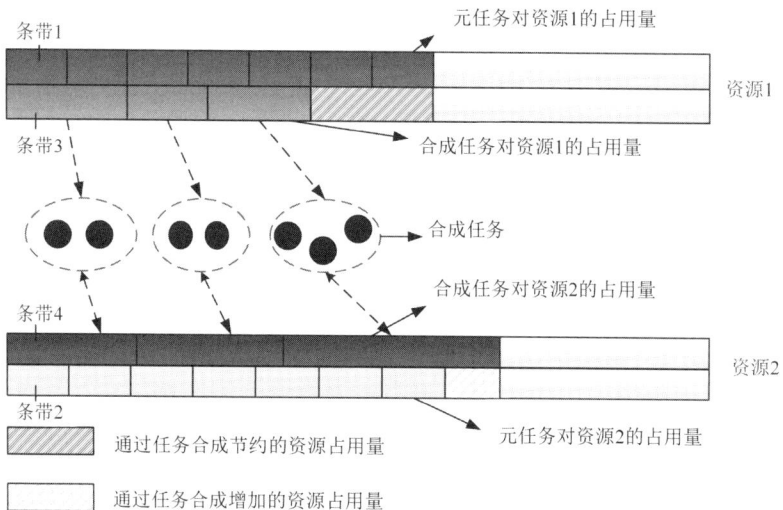

图 2-5　不同资源约束下元任务与合成任务资源分配

2. 任务合成类型对问题的影响

在分析任务合成类型对问题的影响之前，先给出元任务的两种任务合成模式的定义。

唯一型合成模式：每个合成任务仅包含一个元任务，这种合成任务类型被称为合成任务的唯一型合成模式。

多选择型合成模式：一个元任务可以同时存在于多个不同的合成任务中，且这些合成任务之间互不相同，这种合成任务类型被称为合成任务的多选择型合成模式。

如表 2-1 所示，考虑了 7 个元任务（用自然数 1~7 表示）在唯一型合成模式与多选择型合成模式下的合成任务组合情况。在唯一型合成模式下，每个元任务仅存在于一个合成任务中，合成任务之间没有交集元素。在多选择型合成模式下，一个元任务可以同时存在于多个合成任务中，例如，元任务 1 同时存在于 (1)、(1, 4) 与 (1, 2, 3) 三个元任务中。

表 2-1　唯一型合成模式与多选择型合成模式案例

唯一型合成模式	(1)、(2, 4)、(3)、(5, 6)、(7)
多选择型合成模式	(1)、(1, 4)、(1, 2, 3)、(2, 3, 5, 6)、(5, 6, 7)

当共享服务模式资源调度问题的规模很大时，根据其问题特性，可以考虑采用唯一型合成模式下的合成任务调度求解。唯一型合成模式是通过"牺牲"解空间规模来缩短问题的求解时间，这种模式受合成方法的影响很大，因为该模式下解空间的多样性相对欠缺，所以一个好的任务合成方法直接决定了解空间多样性的优劣。

当共享服务模式资源调度问题的规模不是很大时，根据其问题特性，可以考虑采用多选择型合成模式下的合成任务调度求解。采用多选择型合成模式生成合成任务集合后，合成任务集合的问题规模通常会比元任务问题规模要大。在多选择型合成模式下，同一个元任务可以同时存在于不同的合成任务中，又因为合成任务唯一性约束，这使得问题变得更加复杂。多选择型任务合成模式通过增大任务合成概率得到更好的资源配置效果。所以在任务合成阶段选择合适有效的合成类型是非常重要的，它是共享服务模式资源调度问题的一个难点。

2.3 研究框架设计

2.3.1 问题框架设计

在对共享服务模式、合成任务及共享资源调度问题的相关概念进行阐述和分析之后，接下来，我们需要对任务进行合成分析，以及合成任务的资源调度求解，以通过有限资源的重新配置提高资源利用率。共享服务模式的资源调度问题包括任务合成阶段与资源合成任务调度求解阶段。下面给出共享模式下资源调度问题的整体框架图，如图2-6所示。

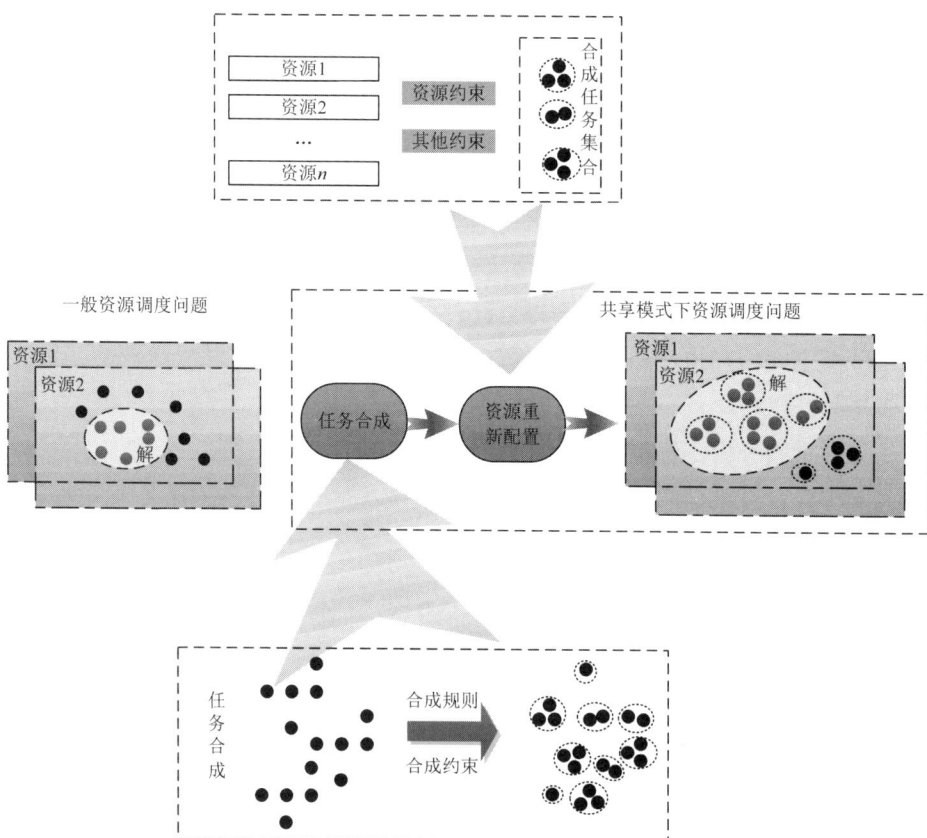

图2-6 共享模式下资源调度问题示意图

图 2-6 展示了共享模式下资源调度问题的架构图, 并突出了它与一般资源调度问题的区别。在一般资源调度问题中, 圆形虚线内的任务集合是在资源 1 与资源 2 两种资源约束下求得的解, 解序列为一组元任务的集合。在共享模式下资源调度问题中, 基于两种资源约束求得的解为一系列合成任务的集合 (圆形虚线内的合成任务的集合), 每个合成任务至少包含一个元任务。共享资源调度问题分为两个阶段: 任务合成阶段和调度求解阶段。任务合成阶段是元任务集合在合成约束条件以及合成规则等约束下生成的合成任务集合; 调度求解阶段是在任务合成阶段的基础上进行的, 基于已合成的合成任务集合, 同时考虑资源约束以及其他的约束条件, 对资源进行重新配置, 使得项目资源与合成任务集合有效匹配, 追求目标最大化的有效调度方案。

2.3.2　研究思路剖析

共享服务模式资源调度问题包括任务合成阶段和调度求解阶段。首先需要分析问题特性与任务间的相似性以完成任务间的合成, 然后对任务合成后的资源调度问题进行问题分析与调度求解。下面主要针对上述两个子问题阐述共享服务模式下资源调度问题的研究思路与求解方法。

任务合成阶段, 本文在第 3 章提出了两种任务合成方法来研究任务间的合成, 包括基于 MeanShift 的椭球体聚类的任务合成方法与基于完全子图聚类的任务合成方法, 并提出共享检测因子验证任务合成方法的有效性。

资源约束问题的调度求解阶段是在任务合成完成后进行的。对于共享服务模式的资源调度问题, 本文主要用两种改进的智能算法进行问题求解。在文章的第 4 章与第 5 章分别介绍了改进蚁群算法 (enhanced ant colony optimization, EACO) 与改进烟花算法 (enhanced fireworks algorithm, EFWA) 对共享资源约束问题的问题分析与求解设计, 并在第六章中给出了统一具体的实验分析。

2.4　本章小结

本章首先对信息资源、信息资源共享等概念进行了阐述, 对共享服务模式的概念、核心要素及其必要性进行了定义与说明; 然后对共享服务模式的资源调度问题及其约束条件和目标函数进行了研究，并阐述了共享模式下资源调度问题的特点；最后设计了共享服务模式下资源调度问题的整体架构，并给出了相关整体性研究思路。

第 3 章
考虑共享服务的资源调度任务合成方法

本章主要介绍共享服务模式下资源调度问题的任务合成方法及合成任务检验的过程。本章内容安排如下：首先，设计了基于密度聚合的 MeanShift (MS) 椭球体聚类方法；其次，设计了基于条件聚合的完全子图 (CG) 聚类方法；此外，还设计了 5 种共享检测因子，用于检测任务合成的效果；最后，使用这 5 种共享检测因子来验证基于 MS 和 CG 两种任务合成方法的有效性。

3.1 基于 MeanShift 椭球体聚类的任务合成方法

MeanShift(MS) 椭球体聚类是一种基于密度分布的聚类方法。在 MS 算法的迭代过程中，MS 的目标是根据样本点密度增大的最快方向 (MS 方向)，找到样本密度最高的椭球体区域，并最终在局部密度最大处收敛。此时，该椭球体包含的任务集合称为合成任务。

给定 $d(d \leqslant 3)$ 维空间中的 n 个数据点集 X，设初始时刻随机选择空间中的一个点作为初始中心点 X_0^*。在第 $t-1$ 时刻，椭球中心点为 X_{t-1}^*，可合成的元任务集合为 S_h^{t-1}，在第 t 时刻，中心点为 X_{t-1}^* 的漂移矩阵为 M_h^{t-1}。在下一次迭代中，根据 $t-1$ 时刻的均值漂移向量 M_h^{t-1} 与集合 S_h^{t-1} 中的元任务集合，计算并得到新的中心点 X_t^*：

$$X_t^* \leftarrow X_{t-1}^* - M_h^{t-1} \tag{3-1}$$

通过不断地迭代更新，使得椭球区域 $S_h^n(n>t-1)$ 能够覆盖更多的点。其中，在 $t-1$ 时刻可进行任务合成的元任务集合 S_h^{t-1} 为：

$$S_h^{t-1} = \left\{ X_i : \frac{(x_i-x^*)^2}{a^2} + \frac{(y_i-y^*)^2}{b^2} + \frac{(z_i-z^*)^2}{c^2} < 1 \right\} \tag{3-2}$$

式中：$X_i = (x_i, y_i, z_i)$ 为 S_h^{t-1} 中元任务的坐标；参数 a，b，c 分别为椭球体三个维度的半径。在 $t-1$ 时刻关于中心点 X_{t-1}^* 的均值漂移向量为：

$$M_h^{t-1} = \sum_{X_i \in S_h^{t-1}} w_i \cdot (X_{t-1}^* - X_i) \tag{3-3}$$

式中：w_i 为权重因子，表示点 X_i 对于当前中心位置 X_{t-1}^* 的重要程度。

特别地，当维度 $d=2$ 时，椭球区域 S_h 退化为二维空间的椭圆区域：

$$S_h = \left\{ X_i : \frac{(x_i-x^*)^2}{a^2} + \frac{(y_i-y^*)^2}{b^2} < 1 \right\} \tag{3-4}$$

此时 $X_i = (x_i, y_i)$，$X^* = (x^*, y^*)$。当维度 $d=1$ 时，区域 S_h 退化为一维的线性区域：

$$S_h = \{ X_i : |x_i - x^*| < a \} \tag{3-5}$$

此时 $X_i = (x_i)$，$X^* = (x^*)$。

权重因子 w_i 通过核函数来表示，漂移向量 M_h 常用的两种核函数为：

（1）单位均匀核函数

$$F(x) = \begin{cases} 1 & \|x\| \leq 1 \\ 0 & \|x\| > 1 \end{cases} \tag{3-6}$$

对应的漂移向量为

$$M_h = \frac{1}{K} \sum_{X_i \in S_h} (X^* - X_i) \tag{3-7}$$

（2）单位高斯核函数

$$G(x) = e^{-\|x\|^2} \tag{3-8}$$

对应的漂移向量为

$$M_h = \frac{\sum_{i=1}^{n} G(\|X_i - X^*\|^2)(X_i - X^*)}{\sum_{i=1}^{n} G(\|X_i - X^*\|^2)} \tag{3-9}$$

基于 MS 的任务合成方法是一种基于任务分布密度的聚类方法。在满足相关约束条件和资源限制条件的情况下所形成的合成任务包含的元任务集合是在给定约束条件下局部密度最大的任务集合。

3.2　基于完全子图聚类的任务合成方法

完全子图(complete graph, CG)聚类是一种基于约束规则的聚类方法,通过寻找满足约束规则的任务集合来确定合成任务。通过完全子图聚类方法获得的任务集合,是在该约束规则下的合成任务。

构建任务无向图模型 $G=(V, E)$,其中顶点集合 V 表示元任务集合,每个顶点代表一个元任务;边集合 E 通过元任务间的合成约束条件构建,如果两个元任务之间满足所有的任务合成约束条件,则两者之间连接一条边。

以成像卫星任务调度问题的数据为例,介绍基于完全子图聚类的任务合成方法。图 3-1 展示了将卫星观测的一组任务序列转化为图模型的示意图。如

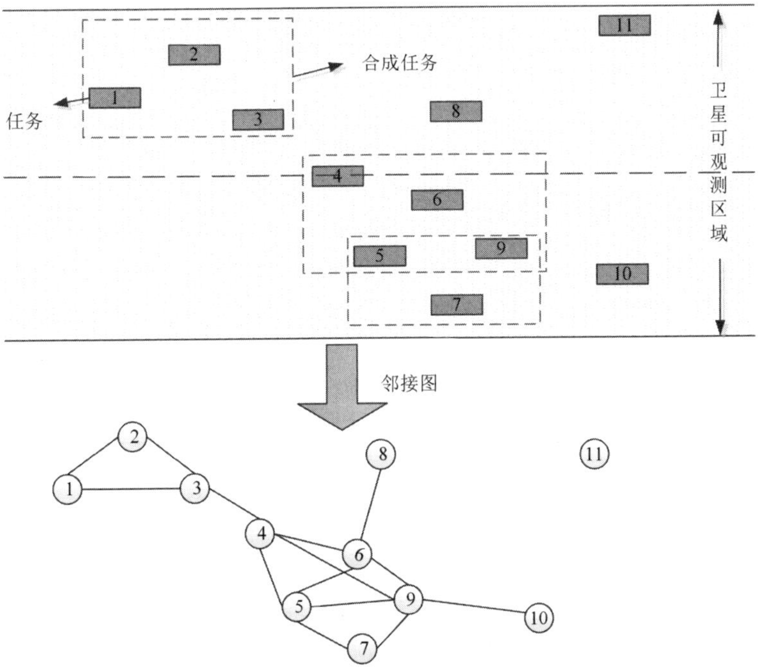

图 3-1　合成任务及其完全图

任务 1 与任务 2 之间满足卫星合成观测的条件，那么两任务之间存在一条连接边。因此，在图 3-1 中，11 个元任务间的合成关系可以直接用无向图的形式展示出来。从任务序列的无向图中不难发现，任何一个合成任务都对应于其无向图中的一个完全子图。那么元任务序列对应于无向图中的完全子图是否也对应一个合成任务呢？参见定理 3.1。

定理 3.1 在基于 CG 方法的卫星合成任务观测调度问题中，若任务合成条件(角度约束、时间约束等)可以被实数域函数表示，那么无向图模型 $G=(V,E)$ 中的任何一个完全子图都会与一个合成任务一一对应。

证明： 若任务合成条件(角度约束、时间约束等)可以被实数域函数表示，不妨记满足任务合成时间约束的元任务集合为：

$$C_{\text{Time}} = \{t_i, t_m \mid |s_{ijk} - e_{mjk}| < \Delta A_j, \ \forall (s_{ijk}, e_{ijk}) \in o_{ijk}; \ i, m = 1, \cdots, n; \ j = 1, \cdots, M; \ k = 1, \cdots, N_{ij}\}$$，其中 $o_{ijk} = \{(s_{ijk}, e_{ijk}), g_{ijk}$ 是任务 t_i 在卫星 S_j 观测下的第 k 个时间窗口，s_{ijk}, e_{ijk} 分别为时间窗口 o_{ijk} 的起始和结束时间，g_{ijk} 为卫星遥感器对 t_i 的观测角度。元任务序列的观测起始时间按照升序排列。

记满足任务合成角度约束的元任务集合为：

$$C_{\text{Angle}} = \{t_i, t_m \mid |g_{ijk} - g_{mjk}| < \Delta g_j, \ \forall g_{ijk}, g_{mjk} \in o_{ijk}; \ i, m = 1, \cdots, n; \ j = 1, \cdots, M; \ k = 1, \cdots N_{ij}\}$$。

一方面，设无向图模型 $G=(V, E)$ 中的一个完全子图对应的元任务序列为 $Obs(1, n) = \{t_1, t_2, \cdots, t_n\}$。由于对 $\forall t_i, t_m \in Obs(1, n)$，元任务 t_i 与 t_m 之间都存在一条连接边，那么会满足 $t_i, t_m \in C_{\text{Time}}$ 且 $t_i, t_m \in C_{\text{Angle}}$。因此，对 $\forall t_i, t_m \in Obs(1, n)$ 都满足任务合成条件，进一步可以得到 $Obs(1, n) \subset C_{\text{Time}}$ 且 $Obs(1, n) \subset C_{\text{Angle}}$，即 $Obs(1, n) \subset C_{\text{Time}} \cap C_{\text{Angle}}$。上述证明过程表明完全子图对应的元任务序列 $Obs(1, n) = \{t_1, t_2, \cdots, t_n\}$ 同时满足任务合成的条件，那么，$Obs(1, n)$ 为一个合成任务。

另一方面，若元任务序列 $Obs(1, n) = \{t_1, t_2, \cdots, t_n\}$ 为一个合成任务，则对 $\forall t_i, t_m \in Obs(1, n)$，都会同时满足 $t_i, t_m \in C_{\text{Time}}$ 且 $t_i, t_m \in C_{\text{Angle}}$。因此，对 $\forall t_i, t_m \in Obs(1, n)$，元任务 t_i 与 t_m 之间都存在一条连接边。这意味着 $Obs(1, n)$ 中的任意两个元任务之间都会存在一条连接边，即 $Obs(1, n)$ 对应于一个完全子图。

因此，在上述约束条件下，无向图模型 $G=(V, E)$ 中的任何一个完全子图都与一个合成任务一一对应。

根据定理 3-1 可知，当任务序列转化为无向图后，可通过寻找无向图中的完全子图来寻找合成任务。表 3-1 给出基于完全子图聚类的任务合成算法流程。

表 3-1　基于完全子图聚类的任务合成算法流程

步骤	内容
步骤 1	逐一判断集合 V 中的任意两点是否满足任务的合成约束条件。若满足，在两点之间连接一条边，生成任务的邻接无向图
步骤 2	寻找邻接无向图中的完全子图集合
步骤 2.1	对于邻接无向图中的每个顶点 $i=1:|V|$，首先判断节点 i 是否与其他节点之间有邻接边。若无邻接边，则任务 i 单独构成一个合成任务，记录 i 被访问；若存在邻接边，转步骤 2.2
步骤 2.2	记与节点 i 有邻接关系的节点集合为 $Adjoin_1$，对于 $Adjoin_1$ 中的一个节点 j，寻找与 i、j 同时存在邻接边的节点集合 $Adjoin_2$，转步骤 2.3
步骤 2.3	若集合 $Adjoin_2$ 为空，任务 i 与 j 组合为一个合成任务，记录 i、j 被访问；若集合 $Adjoin_2$ 非空，则选择 $Adjoin_2$ 中的一个节点 k，继续寻找与节点 i、j、k 同时有邻接边的节点集合 $Adjoin_3$，转步骤 2.4
步骤 2.4	若 $Adjoin_3$ 为空，则此时节点 i、j、k 构成合成任务，记录 i、j、k 被访问；否则继续在集合 $Adjoin_3$ 中选择节点扩充当前合成任务的规模，直到集合为空，转步骤 2.5
步骤 2.5	直到所有节点都被访问，完成了任务合成过程
步骤 3	根据步骤 2 中所有完全子图集合，确定任务合成方案

3.3　共享检测方法

对合成任务的共享检测主要从三个角度进行：合成任务内部任务间的相似性、合成任务之间的分离性，以及合成方法的整体效果。

在检验合成任务内部元任务之间的相似性时，不能仅考虑元任务之间的相似性，还需要考虑合成任务间的分离度。一个良好的簇不仅需要尽量多的内部关系，还需要有尽量少的外部关系。在图论中，Seidman 提出 k-core 的概念来保证一个聚类子图中的一个顶点必须与子图中其他顶点有不少于一定数量的邻接关系。在一个最大子图中，子图中的每个顶点与子图中其他顶点之间存在至少 k 个邻接关系。基于此，Radicchi 提出了强社区与弱社区的概念，用以反映内聚性与分离性的关系，其中强社区节点间的内聚度高于弱社区的内聚度。

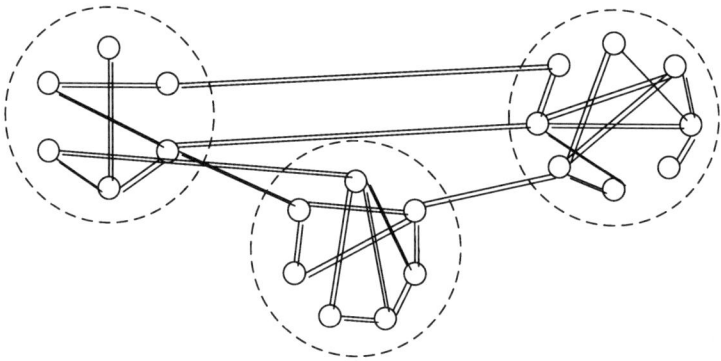

图 3-2　合成任务内外部邻接边图

关于共享服务的资源调度问题，本文选择了任务轮廓系数度量、合成任务 CHI 度量、合成任务 DBI 度量、模块度以及信息熵度量方法，以验证合成任务间的相似性以及任务合成方法的有效性。在元任务层面，采用任务轮廓系数来检验任务合成效果；在合成任务层面，采用合成任务 CHI 度量和合成任务 DBI 度量来验证合成任务的分类效果；在整体层面，采用模块度和信息熵来检验合成效果。

（1）任务轮廓系数度量

首先给出轮廓系数的定义：

定义 3.1　轮廓系数（silhouette coefficient，SC）假设数据集 D 中包含的 n 个元素被划分成 K 类 C_1，C_2，$\cdots$，C_K，对 D 中的任意对象 i，其轮廓系数为：

$$s(i) = \frac{b(i) - a(i)}{\max\{a(i), b(i)\}} \tag{3-10}$$

其中，

$$a(i) = \frac{\sum_{j \in C_l} d(i, j)}{|C_i| - 1} \tag{3-11}$$

若 $i \in C_k$，$a(i)$ 为 i 与 C_k 中其他对象间的平均距离，$|C_k|$ 为 C_k 类中包含的元素个数，$d(i, j)$ 表示 i 与 j 之间的距离。

$$b(i) = \min_{C_l: \, 1 < l \le K, \, l \ne k} \left\{ \frac{\sum_{j \in C_l} d(i, j)}{|C_l|} \right\} \tag{3-12}$$

$b(i)$ 为 i 到与它相邻最近的一类元素的平均距离。

由定义 3.1 可知，任务轮廓系数指标度量了当前任务是否应该分到当前所在类中，即该任务分配在当前合成任务中的得分情况。若得分接近于 1，说明该任务与所在类内的其他任务间的相似性高（内聚度高），而与其他类的相似性差（分离程度高）。若得分接近 -1，说明该任务与所在类内的其他任务间的相似性低，应当被分到其他类中。由公式（3-10）~（3-12）可知，当 $a(i) = 0$ 时，$s(i) = 1$，即元素 i 所在类 C_i 只含有元素 i 或所含元素间的距离为 0。可以说明 $a(i)$ 越小，C_i 越紧凑，内聚度越高；当 $b(i) = 0$ 时，$s(i) = -1$，即数据集 D 只含有一个类 C_i，可以说明 $b(i)$ 反应元素 i 与其他类的分离程度，$b(i)$ 越小分离程度越低，越大分离度越高。综上可知，$s(i)$ 的值越趋近于 1，元素 i 所在的类的内聚度及其与其他类的分离度越好。

（2）合成任务 CHI 度量

CHI（calinski-harabasz index，CHI）是 Calinski 与 Harabasz 提出的最佳聚类数的指标，是对样本类内距离与样本类间距离的一种测度指标。CHI 通过计算类内离差平方度量类内元素间的紧密度，计算各类中心点与数据集中心点距离平方和度量数据集的分离度。

定义 3.2　CHI 是一种基于样本类内距离与样本类间距离的测度。假设一个数据集的样本数为 n，类别数量为 K，其 CHI 判断函数为：

$$CH(K) = \frac{n-K}{K-1} \frac{BGSS}{WGSS} \tag{3-13}$$

其中：

$$WGSS = \frac{1}{2} \left[(n_1 - 1) \overline{d_1^2} + \cdots + (n_K - 1) \overline{d_K^2} \right]$$

$$BGSS = \frac{1}{2} \left[(K-1) \overline{d}^2 + (n-K) A_K \right]$$

$\overline{d_j^2}$，$j = 1, \cdots, K$ 为第 j 类样本间的平均距离；$\overline{d}^2$ 为所有样本间的平均距离。

A_K 为：

$$A_K = \frac{1}{n-K} \sum_{i=1}^{K} (n_i - 1)(\overline{d} - \overline{d_i})$$

通过上述定义可知，BGSS 衡量类间距离大小，BGSS 越大，类间距离越大；WGSS 衡量类内距离，值越小，内聚度越高。CHI 从整体上描述了合成任务的内聚度与合成任务间的分离度，CHI 越大，说明类间分离大，类内聚集性强，即聚类效果好；CHI 越小，说明类间分离小，类内聚集性差，聚类效果差。

（3）合成任务 DBI 度量

DBI（davies-bouldin index）是由 Davies 和 Bouldin 提出的一种评估聚类算法优劣的指标，主要通过评价类间相似度来度量聚类算法优劣。

定义 3.3 假设样本数据集 D 被分为 K 类 C_1，C_2，$\cdots$，C_K，其 DBI 为：

$$DBI = \frac{1}{K} \sum_{k=1}^{K} R_k \tag{3-14}$$

其中，R_k 表示类 C_k 与其他的类之间的最大相似度的值，具体表示为：

$$R_k = \max_{l=1,K,l \neq k} \left(\frac{S_k + S_l}{M_{kl}} \right) \tag{3-15}$$

S_k 与 S_l 分别为类 C_k 与 C_l 的离差矩阵：

$$S_k = \left(\frac{1}{n_k} \sum_{i=1}^{n_k} |x_i - \overline{x_k}|^p \right)^{\frac{1}{p}} \tag{3-16}$$

$\overline{x_k}$ 为类 C_k 中各样本的均值向量。

$$M_{kl} = \left(\sum_{k=1}^{K} |a_{hk} - a_{hl}|^p \right)^{\frac{1}{p}} \tag{3-17}$$

a_{hk} 为 C_k 质心的第 h 个分量，M_{kl} 为类 C_k 与 C_l 质心点的距离。

由上述公式可知，DBI 是所有类最大相似度的均值，通过计算任意两类间的离差矩阵与两类间距离之比，来描述间类的相似度。DBI 从整体上描述了任务聚类程度，DBI 越小，类内聚合度越高，类外分离度越大，分类效果越好。

（4）模块度

如果一个社团分类在社区内部的节点相似度较高，在社区外部的节点相似度较低，那说明其分类方法较优。2006 年 Newman 给出了模块度（modularity）的定义，用来衡量一个社区的划分效果，可以从整体上评价划分方法的优劣。

给定一个节点数为 n 的网络图，节点间邻接矩阵 A_{vw} 表示两个节点之间是否存在关系。

$$A_{vw} = \begin{cases} 1, & \text{如果节点 } v \text{ 与 } w \text{ 间有边连接} \\ 0, & \text{否则} \end{cases} \tag{3-18}$$

定义 3.4 对于节点数为 n 的网络，存在 K 个分类。衡量该网络分类效果的模块度为：

$$\begin{aligned} Q &= \frac{1}{2m} \sum_{vm} \left[A_{vw} - \frac{k_v k_w}{2m} \right] \cdot \delta(c_v, c_w) \\ &= \sum_{i=1}^{K} (e_{ii} - a_i^2) \\ &= Tr(e) - \| e^2 \| \end{aligned} \tag{3-19}$$

式中：m 为网络中的边数；$k_v = \sum_w A_{vw}$ 为节点 v 的度。函数 $\delta(c_v, c_w)$ 定义为：

$$\delta(c_v, c_w) = \begin{cases} 1, & v \text{ 与 } w \text{ 在同一类} \\ 0, & \text{否则} \end{cases} \tag{3-20}$$

$$e_{ij} = \sum_{vw} \frac{A_{vw}}{2m}$$

式中：e_{ij} 为位于类 C_i 与 C_j 中的边占总边数的比例。

$$a_i = \frac{k_i}{2m} = \sum_{j=1}^{K} e_{ij}$$

式中：a_i 为连接到 C_i 顶点边的比例。

根据公式(3-19)，可以得到模块度 Q 的矩阵表达方式：

$$Q = \frac{1}{2m} Tr(\boldsymbol{S}^{\mathrm{T}} \boldsymbol{B} \boldsymbol{S}) \tag{3-21}$$

式中：矩阵 $\boldsymbol{S}$ 为 $n \times K$ 阶矩阵，n 为节点个数，K 为分类个数；$\boldsymbol{B}$ 为 $n \times n$ 阶矩阵，$\boldsymbol{B}_{vw} = A_{vw} - \dfrac{k_i k_j}{2m}$。

Q 的理论取值范围为 $[0, 1]$。Q 越大（越接近 1），样本划分效果越好，表示样本集有强大的社区结构。Q 的实际值通常在 0.3 到 0.7 的范围内，表示样本集有中等强度的社区结构。

(5)信息熵度量

信息熵是衡量整体分布的混乱程度或者分散度的一种度量。在信息论中，信息熵是衡量一个系统的复杂程度的度量。一个系统越是有序，其信息熵就越低；反之，系统越是无序，其信息熵就越高。同样地，对于任务合成的分类效果也可用信息熵理论来评价。针对共享服务模式资源调度问题，基于信息熵理论设计了整体性共享检测因子——信息熵度量。

定义 3.5 信息熵度量是基于样本类内距离与样本间总距离的一种测度指标。设一个样本集，节点数为 n，分类数为 K，其度量函数可表述为：

$$M(x) = -\sum_{k=1}^{K}\left(\sum_{i,j\in c_k; i\neq j} p_{ij}\right) \cdot \log_2\left(\sum_{i,j\in c_k; i\neq j} p_{ij}\right)$$

$$= -\sum_{i=1}^{K} p_k \cdot \log_2 p_k \tag{3-22}$$

式中：p_k 为第 k 类中样本点同时属于同一个类的概率。

$$p_{ij} = \frac{1}{\|x_i - x_j\|_2} \bigg/ \sum_{m,l=1; m\neq l}^{n} \frac{1}{\|x_m - x_l\|_2} \tag{3-23}$$

式中：p_{ij} 为在样本集中节点 i 与节点 j 之间位于同一个类 c_k 的信息概率；p_k 为类 c_k 中的 n_k 个样本点同在类 c_k 信息的概率。

节点 i、j 之间的距离采用 2 范数 $\|x_i - x_j\|_2$ 表示。类内样本点间连接概率越大，类内聚效果越好，此时信息熵度量的值就会越小。如果信息熵度量值越大，说明划分效果越差，类内样本点间的连接率小、内聚效果差，或者说此时的样本点很分散。

3.4　任务合成检测案例分析

本节主要采用 3.3 节中的 5 种任务合成检测因子，验证基于 MS、CG 两种任务合成方法的有效性。实验数据采用 Liu 等人在文献中配置生成的算例，任务目标在中国区域内随机生成，任务时间为 2013 年 4 月 20 日 0 时至 24 时。对于成像卫星的任务合成问题，设定卫星遥感器的视场角为 6°，任务合成的时间约束参数为卫星单轨最大开机时间的一半，卫星单轨储能为 150，固存为 200。

首先引入一组分类效果较优的数据集，与本文中两种任务合成方法的合成效果进行对比。为避免实验结果赘述，仅随机选取部分数据进行合成检测。关于任务轮廓系数的检测实验，我们选取任务数为 200 个的数据进行验证分析；对于其他检测指标，我们选取任务数为 400、600 个时的数据进行验证分析。

3.4.1　对比数据集

为了更直观地比较任务合成阶段的合成效果，在实验分析之前，先引入一组对比数据。

图 3-3 展示了对比数据的分布图，其中对比数据的数据集包含 30 个任务的数据，共分为 3 组。图中标记为"圆点"的一组数据范围是 $[2, 4] \times [5, 7]$，标记为"倒三角"的一组数据范围是 $[7, 9] \times [7, 9]$，标记为"星号"的一组数据范围是 $[5, 7] \times [2, 4]$。不难发现，图 3-3 中的数据聚类效果较好，可较明显地被分为三类数据。下面计算对比数据集在 5 种合成检测因子下的得分情况。

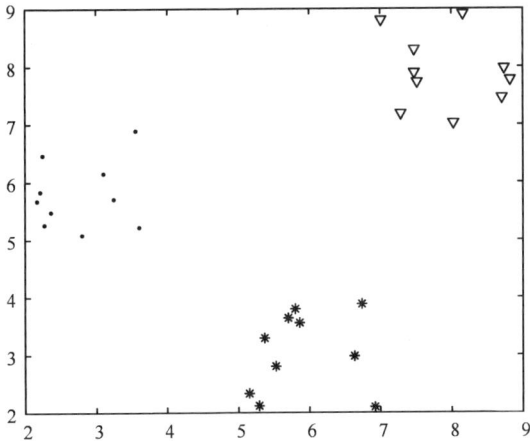

图 3-3　对比数据分布图

表 3-2 展示了对比数据集中 30 个任务的轮廓系数(取值范围为 $[-1, 1]$)。轮廓系数的值越大，说明该任务所在类的内聚度越好、与其他类的分离度越高。轮廓系数越接近于 1，说明该任务的合成效果越好，越应当分在当前的组中；越接近于 -1，说明该任务的合成效果越差，越应当分在其他的组中。表 3-2 中每个任务的轮廓系数值都比较接近 1，说明在图 3-3 中的分类结果对于每一个任务来说都是比较优的分类。

表 3-2　对比数据轮廓系数

序号	轮廓系数					
1~6	0.76	0.77	0.79	0.73	0.80	0.73
7~12	0.70	0.62	0.66	0.78	0.75	0.70
13~18	0.83	0.66	0.76	0.72	0.82	0.81
19~24	0.78	0.83	0.83	0.85	0.82	0.80
25~30	0.80	0.78	0.86	0.81	0.80	0.85

表 3-3 展示了对比数据集的标准化后的 CHI、DBI、模块度，以及信息熵度量值。其中，CHI 是基于样本类内距离与类间距离的测度指标，值越大说明任务合成效果越好。DBI 主要通过类间相似度来评价任务合成效果，值越小说明类间距离越大、类内距离越小。模块度是从整体上来衡量一个类划分的好坏，根据类内节点相似度与类间相似度来衡量任务合成效果的好坏。信息熵也是从整体上衡量数据集的分类情况，基于实验数据集整体分布的分散度或混乱程度来检测整个数据集是否分布有序。如果分类情况越"整齐"，则信息熵值越小，如果分类情况越"混乱"，则信息熵值越大。

表 3-3　对比数据集的标准化后的 CHI、DBI、模块度，以及信息熵度量值

合成检测因子	CHI	DBI	模块度	信息熵
得分	3.26	3.70	0.67	0.01

3.4.2　任务合成方法检测

本小节数据选取观测任务数量为 200 时，在卫星轨道 1 和 4 上的任务合成示意图。因 MS 合成方法与 CG 合成方法的实验过程类似，为避免实验赘述，本节选择 MS 合成方法对任务轮廓系数、CHI、DBI、模块度以及信息熵这 5 种合成指标进行实验分析。图 3-4 中每个点表示一个元任务，纵坐标表示其观测角度，横坐标表示观测时间。不难发现，各轨道上元任务的坐标位置较分散，某些类中所包含的元任务数量不多，有时一个类仅包含 1 个元任务。针对此类任务合成问题，任务合成的约束条件直接影响所划分类中的数量。合成任务间的

相似度度量使用 3.3 节中的共享检测方法进行检验。

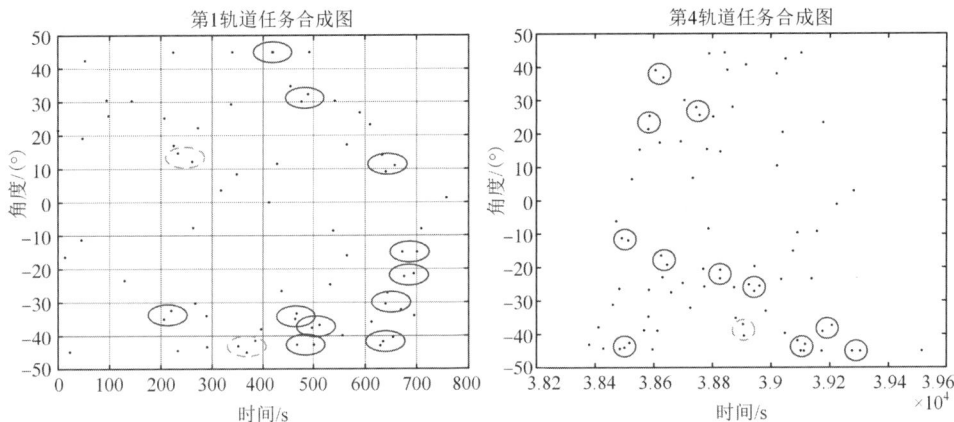

图 3-4　基于 MS 方法的元任务合成图

1. 任务轮廓系数

表 3-4 展示了在考虑所有任务的情况下，所属卫星第 1 轨道的合成任务中元任务的轮廓系数，值越大(接近 1)说明任务所在类的内聚度越好、与其他类的分离度越高。不难发现，表 3-4 加粗的数值接近 -1，说明对应元素更应被分到其他类。但是，通过仔细观察图 3-4 中第 1 轨道的任务合成情况，可以看到圆圈内的某些元素与圈外的未合成成功的元任务点距离很近。如果按照任务轮廓系数的定义，这些元素更应该与圆圈外的元任务点合并为一个合成任务，因此这些元素的轮廓系数接近 -1。

表 3-4　第 1 轨道任务轮廓系数

元任务	轮廓系数								
1~9	-0.71	-0.73	0.61	0.33	0.47	0.97	0.97	-0.46	0.02
10~18	-0.13	-0.08	0.18	0.49	0.85	0.85	0.70	0.51	0.48
19~27	-0.20	0.12	0.16	-0.26	-0.31	0.40	-0.01	0.75	0.70
28~31	-0.62	-0.45	0.16	0.36					

表 3-5 展示了在考虑所有任务的情况下，所属卫星第 4 轨道的合成任务中元任务的轮廓系数。从表 3-5 中可以看出，虽然大部分数值为正，但仍有几个任务的轮廓系数值接近 −1，这意味着这些元任务更应该与其他任务进行合成。由于共享服务模式的资源调度问题中，任务间的合成规则并非仅受任务间的"距离"或任务相似度影响，问题本身的合成约束规则本身就是一个很强的合成约束条件。

表 3-5　第 4 轨道任务轮廓系数

元任务	轮廓系数								
1~9	−0.04	−0.13	−0.63	−0.27	0.08	0.83	0.93	0.93	0.43
10~18	0.48	0.02	0.22	−0.80	0.10	0.47	0.62	0.66	0.35
19~27	−0.57	−0.25	−0.35	0.57	0.51	0.33	−0.25	0.30	−0.58
28	−0.82								

为了验证未合成成功任务对表 3-4~表 3-5 中任务轮廓系数的影响，接下来将仅对合成成功任务的轮廓系数进行计算。表 3-6、表 3-7 分别为表 3-4、表 3-5 中去除单任务 (未合成成功任务) 后的轮廓系数。不难发现其轮廓系数比表 3-4、表 3-5 中的数据有所增大。通过分析可知，受合成约束的影响，分布在合成任务边缘的元任务因约束条件不能被一起合成，但又与合成任务中的任务距离很近，导致它们对合成任务的轮廓系数影响较大。这一现象从侧面说明了任务轮廓系数能够有效地测量类内聚类情况。对于共享服务模式的资源调度问题，合成任务的轮廓系数均值大小可以作为衡量任务合成过程优劣的评价指标。

表 3-6　第 1 轨道合成任务轮廓系数

元任务	轮廓系数								
1~9	0.32	0.17	0.66	0.62	0.47	0.98	0.98	0.58	0.47
10~18	−0.13	−0.08	0.74	0.78	0.85	0.85	0.83	0.77	0.68
19~27	−0.20	0.12	0.16	−0.26	−0.13	0.78	0.81	0.75	0.70
28~31	−0.39	−0.45	0.16	0.47					

表 3-7　第 4 轨道合成任务轮廓系数

元任务	轮廓系数								
1~9	0.03	0.48	0.62	0.67	0.86	0.84	0.96	0.96	0.68
10~18	0.76	0.40	0.40	0.54	0.61	0.80	0.84	0.86	0.81
19~27	0.65	0.24	0.62	0.86	0.88	0.52	0.37	0.30	0.54
28	0.36								

2. 其他合成指标

在本节实验部分,分析了任务数量为 400、600 时的整体性合成检测指标 (CHI、DBI、模块度及信息熵)的检测实验,首先将说明各个合成检测指标的合理有效性,然后再分析任务合成情况。

图 3-5 为任务数为 400、600 个时卫星轨道 1、4、5 中观测任务的合成示意图。与图 3-4 相比,图 3-5 中的合成任务包含的元任务数量增加。对于相同的合成规则,任务越密集合成任务中包含的元任务数量越多。在相同卫星资源消耗量的情况下,卫星观测收益越大。但是,某些元任务属于哪个合成任务,需要根据合成约束规则与初始点的选取来决定。

(1)检测指标的有效性

对于 CHI、DBI、模块度及信息熵这 4 个合成指标,分析了卫星数量为 1 颗,任务数分别为 400、600 个情况下的检测实验。任务轮廓系数不仅受任务合成规则的影响,也受任务样本集规模的影响。因此,在对 CHI、DBI、模块度及信息熵这 4 个合成指标的监测过程中,同时检测了将所有元任务作为样本集的情形(情形 1)以及仅考虑合成任务作为样本集的情形(情形 2)下的 4 个合成指标的数据得分情况。

通过表 3-8 可以看出,情形 2 下的合成任务检测指标明显优于情形 1 下的检测指标,也就是说,在同一轨道中,仅考虑合成成功的元任务作为样本集情形下的任务合成检测指标整体上优于考虑所有元任务作为样本集的情形。下面以卫星第 1 轨道任务数为 400 个的情形为例,采用 MS 方法对表 3-8 中各检测指标的合理有效性进行说明。

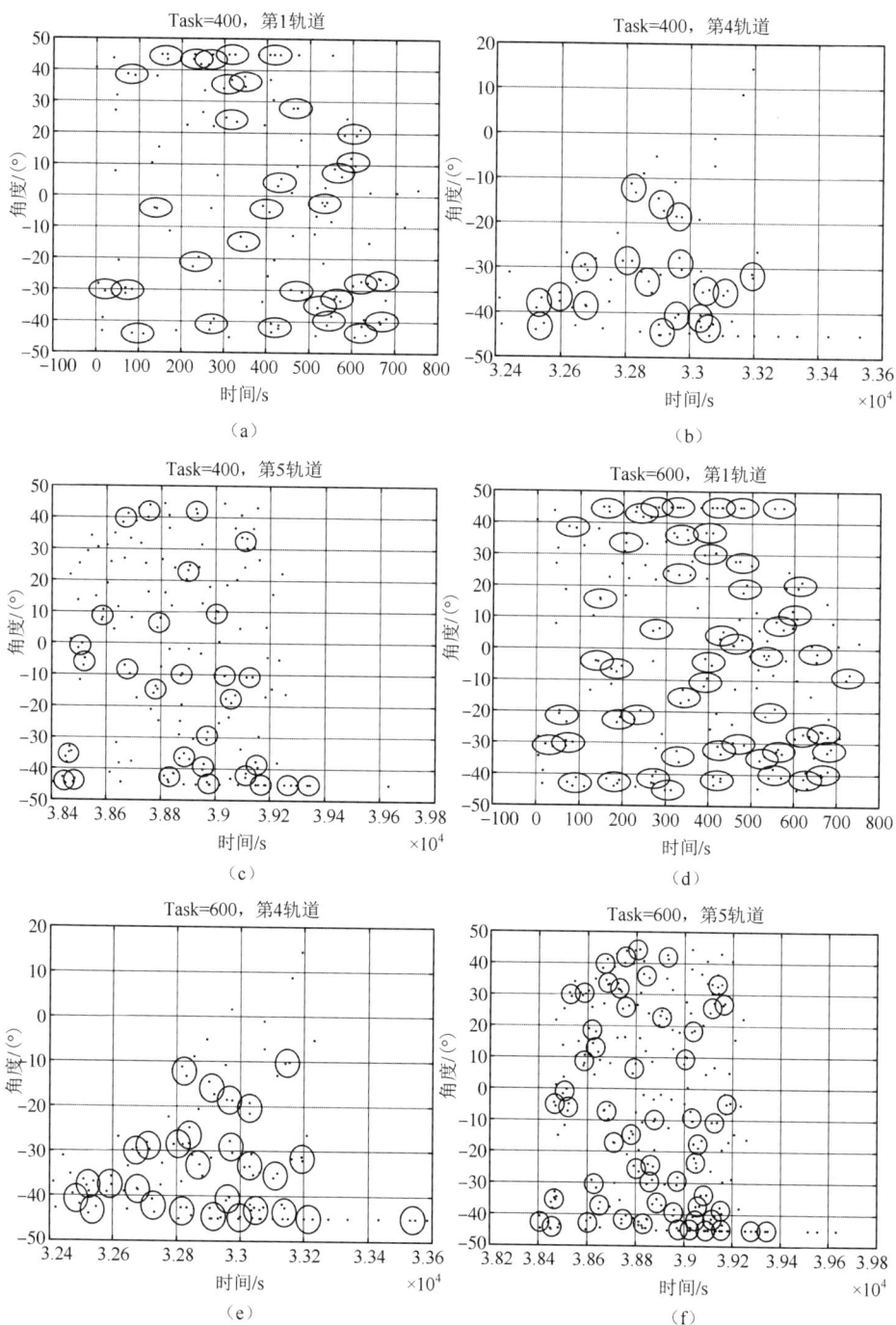

图 3-5 基于 MS 方法的元任务合成效果

表 3-8　CHI、DBI、模块度以及信息熵

任务数/个	轨道	样本集	CHI	DBI	模块度	信息熵
400	1	情形 1：所有元任务	2.53	10.45	0.20	0.31
		情形 2：仅合成任务	6.06	3.35	0.39	0.22
	4	情形 1：所有元任务	1.09	5.17	0.12	0.33
		情形 2：仅合成任务	33.79	4.45	0.26	0.29
	5	情形 1：所有元任务	0.25	7.38	0.14	0.26
		情形 2：仅合成任务	1.42	6.77	0.31	0.24
600	1	情形 1：所有元任务	1.89	28.48	0.19	0.22
		情形 2：仅合成任务	2.46	26.51	0.29	0.21
	4	情形 1：所有元任务	6.61	9.06	0.15	0.28
		情形 2：仅合成任务	7.21	5.63	0.23	0.20
	5	情形 1：所有元任务	0.58	22.39	0.14	0.24
		情形 2：仅合成任务	1.49	17.07	0.23	0.29

CHI 检测指标是基于样本类内距离与类间距离的一种测量，属于类间平均距离与类内平均距离的比值函数。CHI 越大，说明分类效果较好。表 3-8 中情形 2 下的 CHI 值较大，表明情形 2 下的样本类内距离与类间距离的比值较情形 1 大。由于情形 2 只考虑了合成任务间的 CHI 值，未考虑单任务样本集，缺少了一部分分布较分散的样本，这使得仅考虑合成任务的样本集的 CHI 值较大。因此，CHI 检测指标可以作为共享服务模式资源调度问题的一种有效的聚类检测指标。

DBI 检测指标主要通过评价不同类之间相似度来评价分类的优劣，通过计算任意两个类的类内距离和与其外距离之比，度量每个类的最大相似度。不同的分类方案会得到不同的 DBI 值，DBI 值越小说明类内聚合度越高、分类效果越好。由于表 3-8 中情形 2 仅考虑了合成任务间的 DBI 度量，使样本的类间距离变大，因此情形 2 下的 DBI 值较小，说明了该指标的合理有效性。

模块度检测指标是基于节点内部相似度与节点外部相似度的高低来评价一个"社区"划分的好坏。模块度指标越大，说明划分效果越好，即合成任务内部节点的相似度较高，外部节点的相似度较低。表 3-8 中情形 2 的模块度指标值

高于情形 1，由于情形 2 删除了部分合成任务间的连接边，使合成任务内部节点相似度占比更高，说明了模块度指标的合理有效性。

信息熵检测指标从整体上度量样本的分布混乱程度或者分散度。根据共享模式资源调度问题的特征，样本点间的距离由两样本间的连接概率定义，如果类内样本点间的连接概率越大，信息熵的值就会越小。表 3-8 中情形 2 的信息熵指标值优于情形 1。由于情形 2 删除了仅含一个元任务的合成任务，使样本集的类间距离变大，类内样本点间的连接概率变大，说明了信息熵检测指标的合理有效性。

（2）任务合成检测

通过对比实验数据集（图 3-3）与成像卫星任务数据集（图 3-4、图 3-5），实验中的数据集分布较集中，成像卫星任务数据集分布较分散。在任务合成检测过程中，成像卫星数据集的合成效果应比实验数据集的合成效果差。先对两个数据集的合成情况进行对比分析，再对成像卫星任务数据集不同任务数量下的情况进行分析。

通过对表 3-3 与表 3-8 中数据的对比分析，发现表 3-8 情形 2 下的 CHI 值与 DBI 值要比对比实验中的表 3-3 中的 CHI 值与 DBI 值更优，但是这并不表示表 3-8 对应数据的合成效果比对比实验数据集的合成效果好。从 CHI 与 DBI 的定义来看，CHI 与 DBI 都是基于样本的类内距离与类间距离的一种测量，受问题数据集本身特征的限制较大，适合于对同一组数据集进行合成检测。对于不同的数据集，即使对数据集进行数据的标准化处理，也无法改变整体的数据结构，故合成任务中的 CHI 与 DBI 合成检测指标只适用于对同一数据集的不同合成方式进行合成检测。

根据实验数据集与卫星任务数据集的合成情况的对比分析，可用度量整体合成情况的检测指标来检测：模块度与信息熵。模块度的取值范围为 [0, 1]，越接近 1，说明社区结构越强大，但较少有超过 0.7。表 3-3 中模块度为 0.67，接近于 0.7，说明有很好的聚类效果；表 3-8 中的模块度为 0.2（情形 1）与 0.39（情形 2），基于本文中数据集本身的分散程度以及合成约束的条件显示，取得 0.2 的检测值也是不错的。

信息熵衡量一个整体分布的混乱程度或者整齐程度，值越小，说明整体分布得越有规律，取值范围为 [0, 1]。实验数据集的信息熵为 0.01，成像卫星数据集的信息熵为 0.31（情形 1）与 0.22（情形 2），结合成像卫星数据集的数据分布特点, 取得 0.31 的信息熵指标也是不错的, 说明合成效果是比较有规律的。

对于具有统一数据结构的数据集, 可以同时使用模块度、信息熵、CHI、DBI 等指标来度量样本集的合成情况。对于卫星第 1 轨道任务数量分别为 400 与 600 的情况, 如图 3-5(a)与图 3-5(d)所示。尽管随着任务数的增加, 一个合成任务中包含的元任务可能会越多, 但在相同区域内, 任务数量为 600 的分布要比任务数量为 400 的分布更为分散。根据表 3-8, 任务数量为 600 的 CHI 与 DBI 指标比任务数量为 400 的合成情况差, 这表明尽管在同一区域内增加了任务数量, 但其数据结构更加分散。当卫星第 4 轨道的任务数量由 400 增加至 600 时, 通过图 3-5(b)与图 3-5(e)可知, 数据结构分布情况几乎没有变化, 任务数量的增加使得任务分布更集中。此时, 任务数量为 600 的合成检测指标优于任务数量 400 的情况(表 3-8)。

综上所述, 对于具有不同数据结构的数据集, 可以使用合成检测中的模块度与信息熵对任务的合成效果进行整体性分析; 对于具有相同数据结构的数据集, 可以进一步使用合成检测中的 CHI 与 DBI 两类指标来度量任务的合成效果, 并展开进一步分析。

3.5　本章小结

本章为了检验共享模式下资源调度问题的任务合成效果, 提出了 5 种共享检测指标: 任务轮廓系数、CHI、DBI、模块度和信息熵。通过一组对比数据集, 验证了上述 5 种共享检测指标的合理有效性。针对共享服务模式下资源调度问题的任务合成阶段, 提出了两种有效的任务合成方法: MS 合成方法和 CG 任务合成方法, 并采用上述 5 种共享检测指标验证了合成方法的有效性。具体来说, 对于具有不同数据结构的数据集, 可以选择使用合成检测中的模块度与信息熵指标, 对任务的合成效果进行整体性分析; 对于具有相同数据结构的数据集, 可以进一步使用合成检测中的 CHI 与 DBI 两类指标, 对任务的合成效果展开进一步分析。

第4章

考虑共享服务的医疗资源调度问题

本章通过对国内当前医患问题现状的调研，分析了医患之间存在除了医疗技术与医疗器件外的三个主要矛盾。首先，基于当前尖锐的医患矛盾，提出了一个针对慢性疾病的多患者诊疗模式；其次，基于不同的患者服务情况（考虑所有患者均被服务以及部分患者被服务的情况），对共享服务模式下医疗资源调度问题进行了数学建模与分析；最后，针对共享模式下的医疗资源问题，分别通过改进蚁群算法与改进烟花算法设计了求解方案，并采用第 3 章中的 MS、CG 任务合成方法进行了验证。

4.1 问题描述与建模

本节调研了国内外当前医患问题的现状，为缓解当前医患矛盾提出了针对慢性疾病的多患者诊疗模式，最后对多患者诊疗模式下的医患调度问题进行了建模分析。

4.1.1 问题背景

为全面推进健康中国建设，国务院办公厅印发了《"十四五"国民健康规划》，党中央、国务院高度重视卫生与健康事业的发展，并将卫生与健康事业的发展置于经济社会发展全局的重要位置。目前，部分地区与机构的医疗卫生资源供需矛盾非常突出，尤其是大型公立医院。随着经济社会的持续发展，居民的生活环境与生活方式快速变化，慢性病成为主要的健康问题。人民群众对全面建成小康社会美好生活的追求，激发了多层次、多样化的健康需求，城镇化率的不断提高导致部分地区医疗卫生资源供需矛盾更加突出。在大型公立医院中，患者看病难的问题一直存在，而在拥有足够医疗资源和相对完善的医疗服务体系的大型公立医院中，看病难问题尤为严重。

当患者出现病情特征时，他们更倾向于选择服务水平和专业水平较高的大型公立医院。大型公立医院看病难的主要原因是医疗资源与患者之间的供需矛盾。相对于患者的广泛需求，大型公立医院的医疗资源相对不足，无法及时满足患者广泛而又急切的医疗需求。因此，门诊排队和人满为患的现象屡见不鲜，这也引发了医患之间日益尖锐的矛盾。根据国家卫生健康委员会的统计，2022 年全国医疗机构中约有 1 万多起医疗纠纷。这种矛盾不仅影响了正常的医疗秩序，也影响了社会的和谐与稳定。医患之间存在许多矛盾，除了医院的技术质量外，医疗时间、医疗服务态度以及医患之间的信息不对称是造成矛盾和影响患者满意度的三个主要因素。

1. 医疗时间引发的矛盾

医疗时间引发的矛盾是指患者因医疗时间问题而对医者产生不满情绪或对抗行为。具体来说，这类矛盾主要表现为患者对等待诊疗时间与正式诊疗时间这两种医疗时间产生的不满情绪。目前优质的医疗资源过度集中于大型公立医院，导致患者也集中于这些医院，患者的大量聚集导致了等待诊疗时间很长。在经历了长时间等待后，患者在对应门诊科室接受医生诊疗所花费的时间往往很短，尤其是某些患者常常来不及详细询问病情就被告知诊断结束了。由于患者人数远远超出医疗机构和医生的承载力，因此每位医生分配给每位患者的诊疗时间平均只有几分钟，过短的诊疗时间极易引发患者的不满。患者所期待的模式为：等待诊疗时间越短越好，诊疗时间越长越好。然而，现实情况往往与人们的期待相反，在极端情况下患者甚至挂不上号，这种负面心理容易成为医患矛盾爆发的催化剂。

近年来，为缓解医患矛盾和看病难问题，同时也为了提高患者满意度和治疗效率，众多学者做出了许多努力。在医疗时间方面，相关研究者主要通过减少门诊等待时间和预测门诊等待时间来提高患者满意度和临床效率。Harper 通过模拟建模方法改善就诊排班，减少了门诊等待时间。Lian 通过计划碎片整理改善了临床任命过程，提高了患者满意度和临床效率。Yan 开发了一种顺序预约算法，该算法考虑了门诊病人的需求，以确定最佳病人预约数和最佳计划时间。Kamiura 介绍了前往眼科就诊的门诊病人的等待时间估计。Chen 在基于序列号的预约系统中考虑了两个预约调度模式和三种延迟到达策略，并取得了良好的实验结果。Chen 提出了一种患者诊疗时间的预测算法，以预测患者每项治疗任务的等待时间，并根据预测的等待时间开发了一种医院排队推荐系统，大量的实验和仿真结果证明了该方法的有效性。清华大学工业工程系卫生与医疗服务研究中心和多家三甲医院的门诊部合作，开展了一系列工作：开发了患者流量评估和预测工具，帮助医院预判性地调配相关资源，以满足患者需求；通过建立排队论和离散事件仿真模型，进行分诊流程再造，以评估不同的分时段就诊方案；通过一系列举措对门诊布局进行调整，缩短非医疗服务时间。

2. 医疗服务态度引发的矛盾

医疗服务态度引发的矛盾是指医务工作者在服务患者过程中由于服务态度不佳而引发的矛盾。医务工作者在服务态度上的缺失主要表现为言语态度不佳、与患者缺乏有效沟通、病情解释不足等。文献[84，85]显示：48%的医生认为医患矛盾主要原因是沟通太少，50%的患者认为是缺乏良好有效的沟通。因此，与患者的沟通不充分、对病情解释不足很容易引起医患矛盾。这些矛盾不仅降低了患者的满意度和临床效率，还可能造成巨大的经济损失。

3. 医患之间的信息不对称引发的矛盾

医患之间的信息不对称也会造成严重的医患矛盾。患者对医疗服务的质量抱有很高的期望，且患者相信经过专业医生与大型医院的治疗，他们一定会恢复过来。但是，与此同时，这些患者的医学知识极为有限，容易误判医疗服务质量。如果病人的病情没有得到治愈，或者治疗效果微乎其微，病人们就容易感觉自己被欺骗了。巨大的时间与资金成本换回不理想的治疗效果，很容易引起医患双方的矛盾，这种矛盾如果不协调，会越来越深。

因此，张等认为医患之间信息不对称是医患关系紧张的重要原因之一：由于患者及其亲属往往基于自身的良好愿望，主观认为身体肯定会痊愈，且医疗服务过程简单明了，会对医疗服务质量产生过高的期望；同时，患者自身的医学知识极其有限，容易误判医疗服务质量。当自身体验的医疗服务质量低于甚至远逊于期望时，患者不满情绪极易增加，医患关系开始走向不和谐。张等认为普及医学知识，让患者及其亲属具备医学常识，对患者病情、诊疗过程、医疗价格及医生技术水平有合理的判断，是提高患者满意度、减少医患矛盾、改善医患关系的最基本途径。但往往只有当人们身体健康存在问题时，才会聚焦相关医学知识。

对于由信息不对称引发的医患矛盾，研究人员分别在方法和决策两方面进行了研究。马丁开发了一个简单的模型来分析"双重标准治疗"，通过提供更简洁的医疗服务，使患者获得更多的医疗知识。Mccoll 提供了一种保健客户价值创造的实践样式（CVCPS），以缓解信息不对称。Barile 扩展了 Mccoll 的工作，开发了一个三步骤的解释框架来支持对卫生服务关系的理解。李提出了防控措施，并构建了医疗风险防控机制。卢基于患者沟通上的共同诊疗模式及其他方法，提出了研究决策参与机制。刘通过共同决策方法，缓解了乳腺癌诊断和治疗中医患之间的信息不对称的问题。

综合上述三种医患矛盾，医疗时间引发的医患矛盾最为突出。由于等待时间长、诊疗时间过短，导致患者认为医生的服务态度敷衍。同时，由于患者对自身的病症了解不清晰，医生又无充足时间对每个病人详细讲述该病症的原因、机理、注意事项等，这种信息不对称也会加重医患矛盾。因此，缩减患者等待时间、增加诊疗时间，并在诊疗过程中对患者的疑问与焦虑进行简洁、有效的解释，是减轻医患矛盾的重要途径。

4.1.2　多患者诊疗模式

目前，居民的生活环境与生活方式快速变化，慢性病成为主要的健康问题。基于互联网等新兴信息技术的快速发展，卫生与健康领域也需要加快转变发展方式，创新服务模式和管理方式。因此，基于资源共享服务模式，提出了一种针对慢性疾病的多患者诊疗模式，以推进防治结合与综合防控，提高患者满意度，并缓解医患矛盾。

1. 多患者诊疗模式的内涵

多患者诊疗模式主要是指医疗资源的共享。在传统的诊疗模式中，医生在一个诊疗批次中接诊一个患者；在多患者诊疗模式中，医生在一个诊疗批次中可以同时接诊两个或两个以上的患者，一个批次所包含的患者具有相似的疾病特征与病情症状。当前，几乎各个大型医院都已经有了供患者预约挂号的App，患者可以根据自己的偏好选择要就诊的医生，简要地表述自己的疾病特征与病情症状，完成网上挂号。根据患者的病情、偏好或者已经在医院做过的检查结果等，将具有相似特征的患者分到同一个诊疗批次中并不是一件很难的事情。这样一组具有相似特征病情与偏好的患者就可以共享同一个诊疗过程。

多患者诊疗模式的具体流程为：医生在一个诊疗批次中，首先依次询问与记录患者的基本健康情况与病情特征，为患者解释并提供适当的治疗计划，称该阶段为基本咨询阶段。医生根据不同患者的病情特征为每位患者安排相关的医疗项目，称该阶段为个人诊疗阶段。由于在同一批次的患者病情特征相似，他们的基本诊疗项目类似，但由于不同患者的病情不同，也存在相同诊疗项目外的其他不同项目。最后，医生根据每位患者体检阶段的体检报告和患者的具体情况为每位患者制定具体的治疗方案，并对后期康复的注意事项等进行叮嘱建议与知识补充，称此阶段为分享叮嘱阶段。由于不同患者具体的检验项目不同，检测结果生成时间不同，故在分享叮嘱阶段需要对患者重新分组，将具有相似诊疗结果的患者分为一个批次进行最后治疗。

显然，多患者诊疗模式问题为一个带资源约束的实时动态合成问题，要求合成阶段所需要的任务合成方法与问题求解阶段的求解算法都能够给出及时的响应，在较短的时间内能够得到动态解决方案。

2. 多患者诊疗模式的特点

在慢性疾病的多患者诊疗模式中，医生通过避免部分重复性的工作缩减诊疗时间，针对同批次患者中不同的病情特征，增加同一疾病不同状态下的医疗知识解答时间，以此来增加诊疗时间、改善服务态度以及缓解信息不对称。

（1）增加患者的诊疗时间

在多患者诊疗模式中，患者可以在治疗过程中从医务人员处获得更多、更准确的医疗知识，这不仅加深了他们对相关疾病的了解，也对相关疾病的预防及恢复有很大帮助。新诊疗模式与传统的诊疗模式不同，一个批次中包含多个（至少一个）患者。医生询问患者病情特征时，会一起向同批次中的其他患者介绍相关的病理特征和医疗知识，无须再另外花时间介绍，以此减少因重复性医疗知识解答带来的时间花费。

（2）提高患者的就诊满意度

医生在多患者诊疗模式下，可以通过有效避免大量重复性的工作而节约时间，这样就有更多时间详细询问病人症状，解释与描述疾病症状原则和相关的预防措施。因就诊时间的增加，医生在该诊疗模式下可以避免以"赶时间"的状态向患者解答医疗问题，可以显著提高患者的满意度。

（3）减小医患之间的信息不对称情况

患者在多诊疗模式中，增加了诊疗时间，不仅完成了正常诊治，而且丰富了相关医疗知识。患者及其亲属可以了解一定的医学常识，对相关疾病症状、治疗过程、体检价格和医生的技术水平进行合理评估，对后期疾病康复与预防有很大帮助。多患者诊疗模式也将通过其运作机理来慢慢缓解医患之间的信息不对称，有效避免因服务态度而引发的医患矛盾。

3. 多患者诊疗模式需满足的假设条件

多患者诊疗模式不适用于易引起交叉感染的传染病、急需医生诊治的疾病。本文提出的多患者诊疗模式是针对慢性疾病提出的，例如乙肝、糖尿病、高血压等，它们具有慢性非传染性的特征，病程长，很难治愈，缺乏确切的传染性生物病因证据，且病因复杂。

4.1.3　问题建模

多患者诊疗模式下医疗资源匹配问题是指根据患者病情特征的相似性进行患者批次分组，按照患者批次制定医生资源的调度分配方案，在满足患者偏好、满意度等约束条件下追求诊疗收益的最大化。在诊疗过程中一般会遇到两种情况：第一种是患者不是非常多的情况，要求所有来就诊的患者必须被服务完；第二种是患者非常多的情况，医生可以服务部分患者，即使通过提前预约，也不能保证所有的患者能全部被服务完。本节基于上述两种情况分别建立其数学模型。

患者可以自愿选择传统诊疗模式或者多患者诊疗模式。实际上，传统诊疗模式可理解为特殊情况下的多患者诊疗模式，即每一个批次中患者数目为 1 的多患者诊疗模式。多患者诊疗模式在建立时，首先考虑的是如何将具有相似疾病症状的患者筛选到一个批次中。目前，我国大型公立医院的门诊预约制度较为完善，根据患者的病情特征、预约时间等数据，将相似性高的患者分为一组不是一件很难的事情。

首先，给出多患者诊疗模式下医疗资源调度问题的相关符号标记。记 $P = \{P_1, P_2, \cdots, P_n\}$ 表示 n 个患者的集合，P_i 表示第 i 个患者，$i \in \{1, 2, \cdots, n\}$；$S = \{S_1, S_2, \cdots, S_N\}$ 表示 N 个患者批次的集合，S_j 表示第 j 个患者批次，$j \in \{1, 2, \cdots, N\}$；$t = \{t_1, t_2, \cdots, t_N\}$ 为 N 个患者批次的预约时间集合，t_j 表示第 j 个患者批次预约时间；$b = \{b_1, b_2, \cdots, b_n\}$ 为诊治 n 个患者的收益集合，b_i 表示诊疗第 i 个患者所获得的收益。为便于描述，记 $B = \{B_1, B_2, \cdots, B_N\}$ 为诊治 N 个患者批次的收益集合，B_j 表示诊疗第 j 个患者批次所获得的收益。$d = \{d_1, d_2, \cdots, d_N\}$ 为诊治 N 个患者批次所用时间的集合，d_j 表示诊疗第 j 个患者批次所用的时间，D 表示医生在一个工作时段内的在职时间，即时间资源。第 j 个批次的时间窗为 $[ws_j, we_j]$，ws_j 为批次 S_j 的开始服务时间，we_j 为批次 S_j 的结束服务时间。

多患者诊疗模式下医疗资源匹配问题的约束条件包括：

（1）任务唯一性约束

每个患者至多被服务一次。

（2）时间约束

①患者批次按照患者预约时间确定，前一批次的预约时间不超过下一批次的预约时间。

②患者总诊疗时间不超过医生的在职时间。

（3）不可中断性约束

医生一旦开始某个患者批次诊疗，就要完成整个批次的诊治，不能中断。

基于多患者诊疗模式下医疗资源调度问题，所有患者全被服务的数学模型为：

$$\max \sum_{1 \leqslant j \leqslant N} B_j x_j \tag{4-1}$$

$$\text{s. t.} \sum_{1 \leqslant j \leqslant N} y_{ij} x_j \leqslant 1 \tag{4-2}$$

$$\sum_{1 \leqslant j \leqslant N} x_j \leqslant 1 \tag{4-3}$$

$$\sum_{1 \leqslant j \leqslant N} d_j x_j \leqslant D \tag{4-4}$$

$$t_j \leqslant t_{j+1}, \ 1 \leqslant j \leqslant N-1 \tag{4-5}$$

$$(we_j - ws_j) x_j = d_j \tag{4-6}$$

$$\sum_{1 \leqslant i \leqslant n} \sum_{1 \leqslant j \leqslant N} y_{ij} x_j = n \tag{4-7}$$

x_j 和 y_{ij} 为决策变量：

$$x_j = \begin{cases} 1, & \text{选择 } S_j \\ 0, & \text{其他} \end{cases} \quad 1 \leqslant j \leqslant N \tag{4-8}$$

$$y_{ij} = \begin{cases} 1, & P_i \in S_j \\ 0, & \text{其他} \end{cases} \quad 1 \leqslant j \leqslant N, \ 1 \leqslant i \leqslant n \tag{4-9}$$

其中，公式(4-1)表示目标函数，表示最大的医院诊疗收益。约束条件 (4-2)表示患者的唯一性约束，每个患者至多被服务一次。约束条件(4-3) 表示患者批次的唯一性约束，每个批次至多被医生服务一次。约束条件 (4-4)表示患者的诊疗时间不超过医生在职时间。约束条件(4-5)表示患者批次的预约时间限制，患者批次按照患者预约时间降序排列后，前一批次的预约时间不超过后一批次的预约时间。约束条件(4-6)表示诊疗服务的不可中断约束，一旦开始某个批次的服务，就要完成该批次内的患者诊治。约束条件 (4-7)表示所有患者需要被服务完。公式(4-8)与公式(4-9)为决策变量，$x_j = 1$ 表示第 j 个批次 S_j 已被医生诊治；$y_{ij} = 1$ 表示患者 P_i 存在于第 j 个批次 S_j 中。

对于所有患者不需被全部服务完的情形，其数学模型为上述的模型中除去公式(4-7)。接下来，结合文献[88]中的数据算例说明多患者诊疗模式下医疗资源调度问题的工作过程。如表 4-1 所示，字母 $A \sim J$ 表示 10 位患者；"批次"列中的元素表示该组以及该批次中的患者；"收益"列中的数据表示诊治该批次所获得的收益。患者 B 根据病情特征等可以选择传统诊疗模式与新诊疗模式，患者 B 可以存在于批次 S_1、S_4、S_6、S_7、S_{12}、S_{15} 及 S_{25} 中。例如，当 $x_2 = 1$ 时，医生选择批次 S_2，对患者 F、H 和 I 进行治疗，获得的收益为 2309.00。

表4-1 文献[88]中的算例

序号	批次	收益	序号	批次	收益	序号	批次	收益
1	(B, D, H)	2407.19	11	(C, F, J)	1646.92	21	(I)	840.56
2	(F, H, I)	2309.00	12	(B, F, G)	1620.68	22	(D)	827.86
3	(F, H, J)	2224.43	13	(E, I)	1518.77	23	(J)	771.49
4	(B, D, E)	2145.06	14	(F, H)	1478.81	24	(E)	626.50
5	(G, I, J)	2067.01	15	(B, J)	1469.68	25	(B)	607.23
6	(B, D, F)	2040.48	16	(F, J)	1410.36	26	(A, G)	566.87
7	(B, F, I)	1998.80	17	(C, I)	1135.49	27	(F)	531.89
8	(C, E, H)	1881.22	18	(F, G)	1022.73	28	(G)	415.26
9	(H, I)	1798.28	19	(A, D)	943.72	29	(C)	273.97
10	(A, D, E)	1652.16	20	(H)	906.36	30	(A)	101.12

通过表4-1中的示例，可以说明多患者诊疗模式下医患调度问题的复杂性。表4-1中有10位患者，对应30个批次。如果不采取任何捷径，则在最坏的情况下解决此问题的计算次数为$29 \cdot 28 \cdots 2 \cdot 1$，即$(n-1)!$。随着$n$变大，此类问题的计算复杂度趋于无穷大。显然，该问题属于NP难题，因此设计出一种快速有效的解决办法是非常有必要的。表4-2为表4-1对应的诊疗方案。

表4-2 表4-1对应的诊疗方案

解	患者	收益
$S9, S10, S15, S18, S29$	$H, I; A, D, E; B, J; F, G; C$	6216.82

针对该共享服务模式下的医疗资源调度问题，提出了一种两阶段的求解方法，包括任务合成阶段的任务合成算法与调度求解阶段的智能求解方法。在任务合成阶段，考虑基于MS与CG的任务合成方法；在调度求解阶段，考虑改进蚁群算法与改进烟花算法。两种任务合成方法已在第3章介绍，下面就问题求解阶段的方法给出具体求解设计与分析。

4.2　基于改进蚁群算法的求解方法

本节主要研究基于蚁群规则如何设计出解决共享服务模式下医疗资源调度问题的算法。多患者诊疗模式下的医患调度问题为一个两阶段问题：第一阶段为任务合成阶段，即将病症等特征相似度高的患者进行组合；第二阶段为合成任务求解阶段，在患者完成合成批次的基础上对批次进行调度求解。其中，共享医疗调度问题的可行解为一系列患者批次的集合。本节主要对该问题的第二阶段进行问题求解设计与算例实验。

ACO 算法是由意大利学者 Dorigo 提出的模拟现实世界中蚂蚁觅食行为的一种仿生搜索算法，主要用来解决组合优化问题。考虑到蚁群算法的随机搜索功能与正反馈机制，针对多患者诊疗模式下的医患调度问题，设计了改进 ACO 算法。ACO 算法的操作流程可简述为：多只人工蚂蚁随机选择一个患者批次作为初始点，依据信息素浓度按照一定的概率规则选择下一个患者批次，直至形成一条可行路径。当蚂蚁选择完一个批次后，直接执行局部信息素更新。当所有蚂蚁完成一条可行路径的搜索后，执行局部搜索过程，而后选择所有蚂蚁中的最优路径进行全局信息素更新。

4.2.1　蚁群算法

由于所有患者全被服务的情形比部分患者被服务的情形问题约束强，因此以所有患者全被服务的情形为例来进行求解算法的设计与说明。在构造可行解之前，先介绍一下可行解的表示形式与满足的条件。对于多患者诊疗模式下的医患调度问题，每个可行解都可以由有限的序列 $\langle S_u, S_v, \cdots, S_w \rangle$ 表示，其中 $\langle u, v, \cdots, w \rangle$ 是解序列的标签序列，并且每个可行的解决方案 $\langle S_u, S_v, \cdots, S_w \rangle$ 应该满足以下条件：

① $\forall p \in \langle u, v, \cdots, w \rangle, S_p \subseteq P$；

② $\forall p, q \in \langle u, v, \cdots, w \rangle, p \neq q, S_p \cap S_q = \varnothing$；

③ $\cup_{p \in \langle u, v, \cdots, w \rangle} S_p = P$。

可行解中的每个批次之间互不相交，且包含所有预约患者。由于同一位患者可能有几种偏好，即他们可能会同时存在于几个不同的批次中，因此，设计了邻接矩阵来表示两两批次间的关系。

$$A_{ij} = \begin{cases} 1, & S_i \text{ 与 } S_j \text{ 之间无交集} \\ 0, & \text{其他} \end{cases} \tag{4-10}$$

例如，在表 4-3 中，有 5 位患者和他们所属的 6 个患者批次，表示如下：

表 4-3　邻接矩阵算例

批次	S_1	S_2	S_3	S_4	S_5	S_6
CHB 患者	P_1, P_2, P_3	P_1, P_4	P_4	P_2, P_3, P_5	P_3, P_5	P_3, P_5

表 4-3 中的实例对应的邻接矩阵 A 为：

$$A(i, j) = \begin{bmatrix} 0 & 0 & 1 & 0 & 0 & 0 \\ 0 & 0 & 0 & 1 & 1 & 1 \\ 1 & 0 & 0 & 1 & 1 & 1 \\ 0 & 1 & 1 & 0 & 0 & 0 \\ 0 & 1 & 1 & 0 & 0 & 0 \\ 0 & 1 & 1 & 0 & 0 & 0 \end{bmatrix} \tag{4-11}$$

选择 m 只蚂蚁构建可行解。每只蚂蚁都会生成一条完整的路径。每只蚂蚁从一个随机的批次开始构造路径，即蚂蚁在最初时刻随机选择它的初始点。令 $\tau = \{\tau_1, \tau_2, \cdots, \tau_N\}$ 表示批次集合 $S = \{S_1, S_2, \cdots, S_N\}$ 的信息素集合，初始信息素浓度为 $\tau_0 = \{1, 1, \cdots, 1\}$。

当蚂蚁选完其初始节点后，根据公式(4-12)选择其下一个可行的批次：

$$j = \begin{cases} \text{argmax}_{l \in J_k(i)} \{ [\tau(i, l)]^{\alpha} [\eta(i, l)^{\beta}] \}, & q \leq q_0 \\ J, & q \geq q_0 \end{cases} \tag{4-12}$$

式中：$J_k(i)$ 为第 k 只蚂蚁访问完患者批次后的后续可访问批次集合；$\tau(i, l)$ 为批次 S_i 与 S_l 边上信息素的浓度；$\eta(i, l)$ 为批次 S_i 与 S_l 间的启发式因子，代表蚂蚁从 S_i 处选择批次 S_l 的期望程度；α 为信息素影响因子，表示信息素在概率计算中的权重；β 为启发式因子在概率计算中所占的权重。

根据以下概率公式选择下一个患者批次：

$$P(J \mid i) = \frac{\tau(i, J)^{\alpha} \eta(i, J)^{\beta}}{\sum_{l \in J_k(i)} \tau(i, l)^{\alpha} \eta(i, l)^{\beta}} \tag{4-13}$$

下一个批次 S_j 由公式(4-12)选择，其中 $0 \le q \le 1$。在 $q \le q_0$ 时，以贪婪规则选取一个可行批次；在 $q > q_0$ 时，以概率公式(4-13)选择下一个可行批次。根据文献[92]，当 q_0 的值接近 1 时(通常为 0.9 及以上)，会在较短的时间内产生高质量的结果。每当蚂蚁完成一次转移后(从批次 S_i 到 S_l)，S_i 与 S_l 边上的信息素 $\tau(i,j)$ 需要更新：

$$\tau(i,j) \leftarrow (1-\rho)\tau(i,j) + \rho_{\text{local}}\tau_0 \tag{4-14}$$

式中：ρ_{local} 为局部信息素的参数。

全局信息素更新对于寻找更好解决方案的算法非常重要，当所有蚂蚁完成各自的可行路径之后，选择到目前为止收益值最大的一条路径 $\widetilde{S}$ 进行全局信息素的更新。对于解序列 $\widetilde{S}$ 中的边 (u,v)，全局信息素根据以下公式进行更新：

$$\tau(u,v) \leftarrow (1-\rho)\tau(u,v) + \tau(u,v) \tag{4-15}$$

所有边的全局信息素更新规则为：

$$\tau(u,v) = \begin{cases} (1-\rho)\tau(u,v) + \rho\Delta\tau(u,v), & (u,v) \in \widetilde{S} \\ (1-\rho)\tau(u,v), & \text{others} \end{cases} \tag{4-16}$$

式中：$\Delta\tau(u,v)$ 为信息素增量；ρ 为信息素挥发系数。全局信息素更新的意义在于它可以确保当前最好的解在下一次迭代中具有更高的概率被选择，即蚁群算法的正反馈机制。

4.2.2　改进蚁群算法

蚁群算法虽然可以快速找到较好的解，但是容易陷入局部最优，使解的精度不是很高，收敛效果不是很好。因此，设计了几个局部搜索算子(local search, LS)，以改正容易陷入局部最优的缺陷。ACO 算法负责查找候选解，而 LS 算子的目的是通过执行较小的扰动得到当前候选解邻域内更好的解。

局部搜索过程是在 m 只蚂蚁创建完它们的可行路径之后，基于当代中的精英解进行局部寻优的。根据问题特点，设计了四个局部搜索算子：2-OPT、3-exchange、Random-restructure、Random-replace。

(1)2-OPT

2-OPT 最早由 Croes 提出，用于解决旅行商问题(TSP)。2-OPT 属于局部搜索算法，是解决组合优化问题的有效工具。在蚁群算法中，每只蚂蚁的行程都可以被看作一个 TSP 过程。在满足约束条件的情况下，通过 2-OPT 的局部扰动，使蚂蚁能够搜索到更优的路径。经典的 2-OPT 算子不适用于本文中的问题，因为在 2-OPT 中，通过节点标号之间的翻转不会改变解的目标值。因此，针对共享服务的医疗资源调度问题，对经典的 2-OPT 进行了如下调整（如图 4-1）。在一条解序列中，随机选择其中的两个点 S_2 和 S_5，这两点将解分为三段：点 S_2 之前的路径不改变顺序，直接添加到新路径中；将 S_2 到 S_5 之间的路径翻转其编号后添加到新路径中；点 S_5 之后的路径需要根据改变后的信息重新生成。

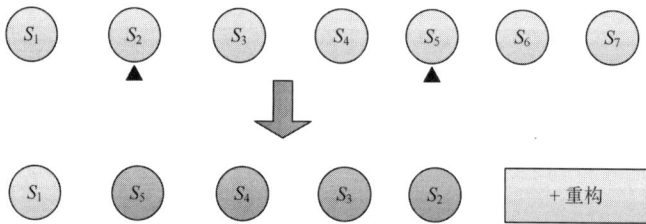

图 4-1　2-OPT 算子示意图

（2）3-exchange

Dorigo 为 SOP 提出了一种有效的局部启发式算法，称为 SOP-3-exchange。同样，文献[95]中的 SOP-3-exchange 并不适用于本问题，对其进行如下修改。如图 4-2 所示，在一条解序列中，随机选择其中的三个点 i，j 和 k，解序列为 $1，\cdots，i，i+1，\cdots，k，k+1，\cdots，n$，点 i 之前的路径不改变顺序，直接添加到新路径中，连接 $j+1$ 到 k 之间的路径，然后将 $i+1$ 到 j 之间的路径翻转后添加到新路径中，$k+1$ 之后的路径需要检查约束条件重新生成。

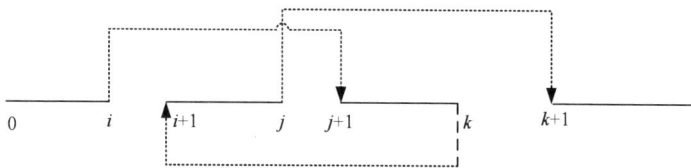

图 4-2　3-exchange 算子示意图

（3）Random-restructure

在一条解序列中，随机选择一个位置点，该点之前的路径不改变，直接添加到新路径中，该点之后的路径需要重新生成。

（4）Random-replace

在一条解序列中，随机选择一个位置，该点处的任务被其他可行的任务取代，其余节点处的任务保持不变。最后检查被替换后组成的新的解序列是否可以扩充，如果可扩充就继续添加解的构造，直至没有可以再添加的可行任务。

设计了针对多患者诊疗模式下求解医患匹配问题的伪代码，见算法4-1。

算法 4-1　改进蚁群算法

输入：S，P，B，Tabu=$\varnothing$，allowed=P.

输出：S_u，S_v，…，S_ω

1：Start ants' the first 'batch'

2：Update 'allowed'

3：**if** all patients are assigned **then**

4：　　　　Local Search

5：**else if** 'allowed' is empty **then**

6：　　　　return the step 1

7：**else**

8：　　　　choose the nextbatch and update local pheromone

9：　　　　return the step 3

10：**end if**

11：Update global pheromone

12：**if** iter<iter_{Max} **then**

13：　　　　Terminate（report best solution）

14：**else**

15：　　　　iter=iter+1 and return the step 1

16：**end if**

首先，每只蚂蚁随机选择其初始点，然后更新 allowed 集合（选择完当前批次后的后续可行批次集合）。每当蚂蚁选择完一个批次后，都需要更新 allowed。蚂蚁根据公式（4-12）选择下一个可行批次，并执行对应边局部信息素的更新。等所有蚂蚁构建完它们的解后，根据精英解进行局部搜索过程，并选择最优的一个解以完成全局信息素的更新。算法中主要有两个约束判断：①如果所有的患者已经诊治完，那么不需要再继续选择下一个批次，即已找到一条可行解；②如果还没等到所有患者都服务完，allowed 已经为空，该蚂蚁需要选择重新开始路径的构建。

4.3　基于 EACO 的多诊疗模式医患组合调度案例分析

针对共享模式下的医患组合调度问题，首先，通过一种慢性病的特例——乙肝，证明本文所提出的多患者诊疗模式的可适用性与优点；然后，针对多患者诊疗模式下的乙肝问题进行了算法设计；最后，通过案例分析与实验验证了两阶段求解算法的适用性与有效性。

4.3.1　多患者诊疗模式的实验效果分析

1. 乙型肝炎

乙型肝炎(hepatitis B，HB)是一种慢性疾病，对受感染的个体有严重影响。根据世界卫生组织(WHO)发布的数据，截至 2022 年底，全世界有 20 亿人感染了乙型肝炎病毒(hepatitis B virus，HBV)，其中有 3.5 亿人至 4 亿人是慢性 HBV 携带者。

如果乙肝患者正常养护，HB 对患者的生活基本不会产生影响。否则，HBV 感染可引起急性和慢性肝脏疾病，包括肝衰竭、肝硬化和肝癌，每年可导致约 100 万人死亡。肝癌是最致命的癌症之一，也是中国第二常见的癌症。在中国，每年大约有 383000 人死于这种疾病，占全世界肝癌死亡人数的 51%。在中国，每年约有 3% 的慢性 HB 患者发展为肝硬化，而 5% 的 HB 患者发展为肝硬化失代偿期。慢性乙型肝炎(chronic hepatitis B，CHB)的 5 年累计肝硬化发生率为 12%~15%，肝癌发生率为 6%~15%，肝衰竭发生率为 20%~23%。

研究结果表明，在发展中国家，HBV 患者占肝癌病例的 58.8%，而在发达国家则为 23.3%。中国是乙肝病毒感染率高的地区，HBV 患者占中国肝癌病例的 54.4%。尽管从 2006 年开始实施 HBV 疫苗接种计划，且感染率逐年下降，但与发达国家(HBV 感染率低于 2%)相比，中国的 HBV 感染率仍然很高。因此，降低 CHB 感染率和防止疾病恶化是需要解决的主要问题。

许多 HB 患者因感染 HB 后，患有焦虑、恐惧相关的精神疾病，这会加剧患者病情并增加死亡风险。CHB 往往具有病情周期长、在一定特殊路径下的传染性、治疗效果差等特点，病人在长期的疾病状态以及家庭与社会压力下，容易出现焦虑。CHB 合并焦虑症患者的比例呈逐年递增趋势，且这类患者治疗配合程度低，由焦虑产生的应激反应也对免疫功能产生副作用。Jha 的研究表明，在治疗过程中医疗工作者给予的心理疏导对提高疗效、改善患者生活质量具有重要意义。

很多人对乙肝的认知率低，乙肝诊断率低、临床护理少是降低 HB 发病率和死亡率的主要障碍。为了降低发病率，防止恶化(肝癌、肝硬化)以及降低死亡率，CHB 患者需要强化防护意识、加强乙肝认知与防护措施。

2. 多患者诊疗模式下的 CHB 防控

由于当前优质医疗资源都集中在大型公立医院，导致大多数 CHB 患者向大型公立医院集中。因 CHB 疾病周期长，注定 CHB 的治疗过程不止一两次。CHB 患者通常会产生负面情绪，例如焦虑、恐惧和多疑。如果长期的抗病毒治疗不起作用，或者是发现肝硬化和恶性肿瘤，CHB 患者心理状态会恶化，对医疗的依从性也会降低。研究表明，绝大多数 CHB 患者希望从专业医生那里获得有关缓解或者治愈疾病的相关专业医疗知识。

传统诊疗模式注定会使患者经历很长的排队挂号、等待治疗时间，很难得到医生详细全面的医疗指导。在这种情况下，CHB 患者虽然完成了诊疗，但是对于后续病情如何有效缓解、如何切断传染等都一知半解，或知道的不够全面。对于很多 CHB 患者来说，他们对 HB 疾病大多还是处于未知状态，这对病情的改善和防控非常不利。

在多患者诊疗模式下，医生首先会咨询每个患者的基本病情，当遇到在当前批次中没有介绍的病情特征时，会详细介绍此病情的病理特征。这使得患者能够从医生专业的角度理性全面地了解 HB，慢慢消除对 HB 未知的恐惧与焦虑感。在传统模式中，医生预留给 CHB 患者的时间较少，不足以详细地将相关医疗知识告知患者。

在多患者诊疗模式下，医生除了正常诊疗外，会有相对充足的时间向患者介绍有关 HB 的防护与预防知识，使患者在接受身体方面的治疗与康复外，还可以通过正确专业的医疗知识更好地了解病情与辅助治疗。在多患者诊疗模式下，医生和患者可以有更多的治疗时间来有效地沟通，这在加强患者与医生之间的关系方面起着关键作用，也在 CHB 患者的治愈过程中发挥积极作用。

HBV 的四大传播途径为母婴传播、性传播、血液传播以及破损皮肤黏膜传播，其中，母婴传播是 HBV 传播的主要途径之一，而掌握较多乙肝预防知识的乙肝孕妇对子代乙肝病毒的传播起到了很大的阻断作用。何表示，大多数 CHB 患者对 HBV 感染源、传播途径和预防措施的了解水平较低。如果不知道 HBV 携带者也是感染源，可通过性传播或共用剃须刀的行为导致感染。但是如果又错误地认为日常工作和接触等也可能导致 HBV 感染，这将给自己、家人和周围的人造成不必要的恐慌、焦虑和其他心理问题。为避免不必要的恐慌，世界卫生组织也针对 HBV 传播渠道进行了明确，共用餐具、母乳喂养、拥抱、接吻、握手、咳嗽、喷嚏，或在公共游泳池玩耍或类似行为不会感染 HBV。所以 CHB 患者对 HBV 的传播途径和预防措施有了正确的了解后，对于有效阻断 HBV 起到很大的作用。

如果 CHB 患者中断治疗过程，或者不遵循医生的嘱托等将会导致 HB 疾病的复发或者治疗效果停滞，这也会使得 CHB 患者加深对治疗过程的怀疑程度，也会加深医患矛盾，从而使得类似患者的病情和相关的医患关系形成恶性循环。

多患者诊疗模式的一个好处就是会对部分患者起警示作用。虽然一个批次中患者的病症都非常相似，但也存在病情轻重之分，重症患者的症状可以对症状较轻的患者起到警示作用。多患者诊疗模式作用在患者心理方面的情形也可以称为一种团体治疗，团体治疗在心理上具有优势。实际上，团体治疗在焦虑症和癌症患者中已经取得了显著的临床益处。因此，在多患者诊疗模式下，患者对医生建议的依从性以及他们对病情的了解可以相互补充。提高患者的认知度，可以使他们了解 CHB 病理知识、治疗基本原理和日常防护知识，帮助患者以积极的态度面对这种可怕的不治之症，提高治疗效果。

针对上述描述，图 4-3 简要展示了新诊疗模式对 CHB 和 CHB 患者的作用和影响，CHB 对于 CHB 患者在身体与心理上的危害很大，在多患者诊疗模式下，通过医生专业医疗知识的传递，可以提高 CHB 患者对疾病的认知率，减少他们对 CHB 的焦虑、恐惧与未知的心理；通过患者的专业预防，可有效阻断传播途径，从而降低传染率，还可以缩短患者的人均诊疗时间，从而提高诊疗效率。

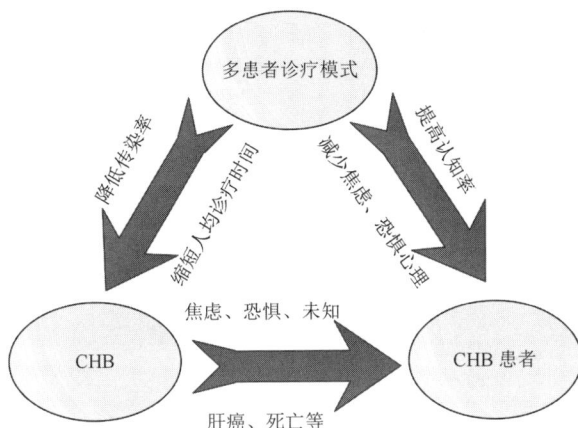

图 4-3　多患者诊疗模式、CHB 及 CHB 患者关系图

4.3.2　改进蚁群算法的实验效果分析

4.3.2.1　算法可行性分析

实验分析部分选用文献[108]中的算例来验证所购算法的可行性。文献[108]中的组合拍卖问题是以一种使商品的总价格最大化的方式出售组合商品。多诊疗模式下的医患调度问题是以收益最大化为目标对患者进行服务。由于目前患者批次的定价收益还无法有效度量，又因为两个问题数据的结构类似，故暂且用文献[108]中组合拍卖中的数据验证相关算法的效果。算例测试的实验环境为 Windows 10 操作系统，在 2.0 GHz CPU、1GB 内存的计算机上运行，采用 Matlab R2014a 实现编程。

选择所有患者必须服务完成情况下，改进蚁群算法与基本蚁群算法的验证与比较实验。关于上述两种算法的实验参数设计如表 4-4 所示，AC 代表基本蚁群算法，EAC 代表 AC 应用搜索算子 Random-restructure 的改进。

表 4-4 AC 与 EAC 参数设置

算法	m	α	β	Q	ρ	ρ_{local}
AC	15	1	2	600	0.25	0.3
EAC	15	1	1.8	600	0.25	0.3

为避免实验赘述，选择文献[108]中算例 5 进行展示说明。图 4-4 显示了算例 5 的最大收益以及 AC、EAC 两种算法下的平均收益曲线。其中实线 1 表示了在 EAC 算法下迭代 200 次得到的最优值变化，实线 2 表示 AC 的平均收益值变化曲线，实线 3 表示 EAC 的平均收益变化曲线。不难发现，EAC 在开始时的平均收益值与 AC 相差不大，大约在迭代 60 次以后整体上要比 AC 高 100。

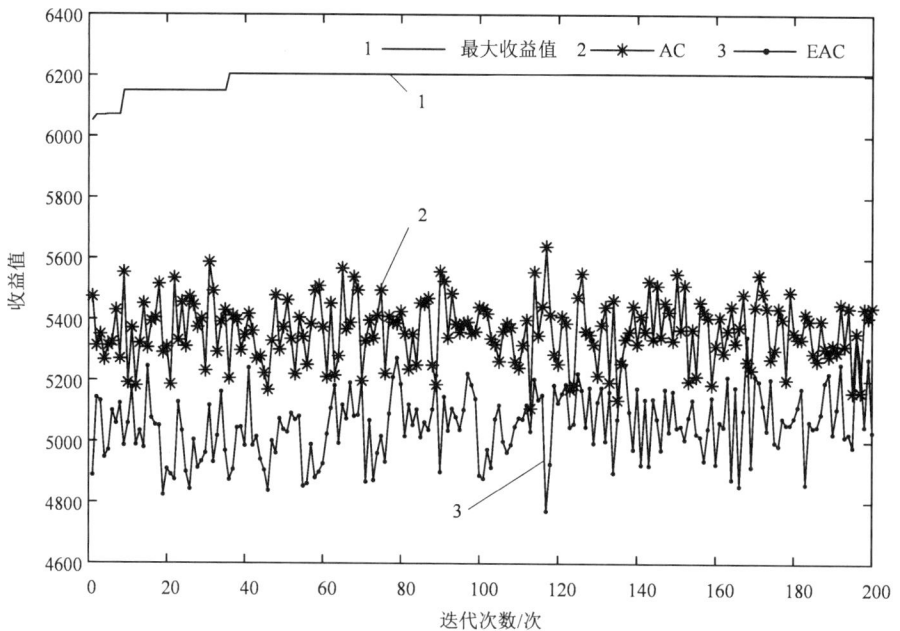

图 4-4 算例 5 基于 AC 与 EAC 收益情况

图 4-5 显示了 AC、EAC 两种算法在迭代次数分别为 25，50，…，200 次的运行时间，AC 算法的运行时间少于 EAC 算法。由于 EAC 算法中加入了局部搜索算子，故运行时间加长了，每次增加时间都没超过"0.5 s"。图 4-4 中表示的

两种算法的求解质量是有差距的，所以就问题的求解质量而言，"0.5 s"的时间代价换取更好的解在一定程度上是可以接受的。

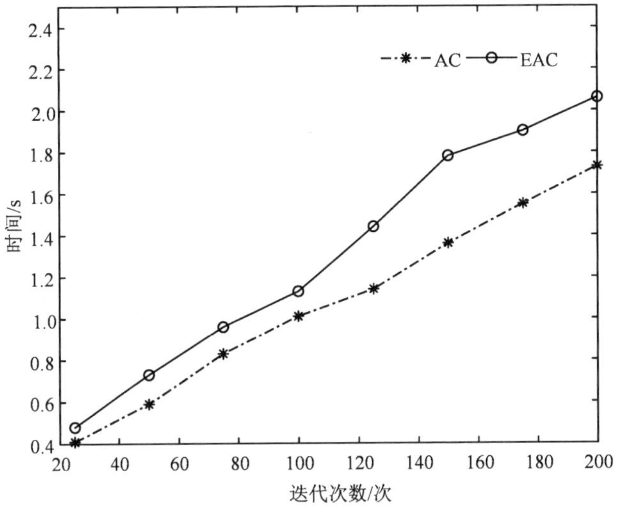

图 4-5　算例 5 AC、EAC 运行时间

4.3.2.2　算法有效性分析

多患者模式的医患调度问题的一个重要约束条件是医生在岗过程中的时间资源。通过查阅与调研湖南省各大医院关于预约时间的相关资料，以及根据对部分数据的相关拟合，对单个就诊患者、多个急诊患者的诊疗时间作如下设置。

医生在多患者诊疗模式下对每个患者批次的诊疗花费的时间基本分为三个时段：基本咨询阶段、个人诊疗阶段和最后的分享叮嘱阶段。这三个时段没有明显的界线。其中，基本咨询阶段为咨询患者基本健康情况、记录患者信息的阶段，该阶段基本不会花费很长时间；个人诊疗阶段为医生对批次内的每个患者进行单独的身体检查；分享叮嘱阶段也就是医生对患者的相关医疗知识与注意事项的总结叮嘱阶段，会分享相关医疗病理知识。

定义 4.1 设一个批次中有 x 个患者(患者数≥2),那么医生诊治该患者批次所花费的时间定义为:

$$T = T_1 + T_2 + T_3 \tag{4-17}$$

式中: T_1、T_2、T_3 分别为基本咨询时间、个人诊疗时间、分享叮嘱时间。基本咨询时间为:

$$T_1 = \log_2 x \tag{4-18}$$

个人诊疗时间为:

$$T_2 = 2x \tag{4-19}$$

分享叮嘱时间为:

$$T_3 = 2 + \log_2 x \tag{4-20}$$

根据相关调研,不妨记传统诊疗模式的基本咨询时间为 1 分钟,个人诊疗时间为 2 分钟,分享叮嘱时间为 2 分钟。

医院就诊预约通常分为两种情况。情况①:预约人数适中,在就诊时段内可以将所有的患者诊疗完。情况②:预约人数较多,超过就诊容量,在就诊时段内可能无法将所有的患者诊疗完。因此,针对上述两种情况,分别对唯一型、多选择型两种合成模式下的问题进行求解验证。

1. 中小规模的共享医疗资源调度问题

在本书中,使用文献[108]中的 5 个数据算例(表 4-5)来说明本改进蚁群算法在解决医疗资源调度问题方面的高效率。文献[108]中的实验分析以最大化收益为目标函数,并没有将所有商品全部卖出作为约束条件,这与考虑患者不需全被服务情况下(情况②)的医疗资源调度问题是等价的。因此,先对相同实验数据与问题约束下的情况②进行实验分析,对比不同合成方法与求解算法的有效性与适应性。

具体来说,在考虑患者不需全被服务的情况下,首先对本文中的基本蚁群优化算法(ACO)与文献[108]中所提出的蚁群算法进行比较,以此来验证本文所提出的 ACO 的有效性;然后,考虑 ACO 与改进蚁群算法的实验比较来证明 EAC 的有效性。

为便于描述,本书设计的 ACO 及其四种改进版本的表示符号见表 4-6。例如,ACO 代表基本蚁群优化算法,LS_1 代表 ACO 算法与 Random-restructure 局部搜索算子的结合。通过大量参数实验比较,相关的参数组合见表 4-7。

表 4-5　文献[108]算例信息

算例序号	患者人数/人	患者批次
1	8	30
2	10	50
3	10	50
4	15	98
5	15	100

表 4-6　改进蚁群算法的表示符号

版本	添加的局部搜索算子
ACO	原诊疗模式
LS_1	Random-restructure
LS_2	Random-replace
LS_3	2-OPT
LS_4	3-exchange

表 4-7　蚁群算法参数设置

例子	算法	m	α	β	Q	ρ	ρ_{local}
1	ACO	8	1	2	500	0.2	0.2
	$LS_1 \sim LS_4$	8	1	2	450	0.2	0.2
2	ACO	10	1	2	500	0.2	0.3
	$LS_1 \sim LS_4$	10	1	2	450	0.2	0.3
3	ACO	10	1	2	500	0.2	0.2
	$LS_1 \sim LS_4$	10	1	2	450	0.2	0.2
4	ACO	15	1	2	500	0.25	0.3
	$LS_1 \sim LS_4$	15	1	2	450	0.25	0.3
5	ACO	15	1	2	600	0.25	0.3
	$LS_1 \sim LS_4$	15	1	1.8	450	0.25	0.3

（1）患者不需全被服务的情况

表4-8展示了在患者不需被全部服务的情况下，本书中 ACO 与文献[108]中实验结果的比较，对于5个算例，在都达到相同当前最优值的情况下，本文对比了算法求解时间与平均收益。通过表4-8不难发现，由本书中的 ACO 算法得到的收益均值较文献[108]中的稍高，但均值相差不大。然后在时间方面，本文中 ACO 求解时间更快，这表明本文提出的蚁群算法对于求解该问题是可行有效的。

表 4-8　算法有效性分析

算例	1		2		3		4		5	
	时间/s	均值	时间/s	均值	时间/s	均值	时间/s	均值	时间/s	均值
文献[108]	0.81	4400	1.91	5500	1.9	2750	9.26	6100	7.89	5800
ACO	0.46	4450	1.18	5590	1.59	2830	1.97	6130	5.78	5810

（2）所有患者被服务的情况

图4-6展示了在所有患者需被服务完的情况下，5种求解算法的当前最优收益曲线与平均收益曲线的变化情况。根据图4-6(a)，发现 ACO 算法在很短时间内获得了最优收益的解。由于算例1的数据规模很小，故不同求解算法得到的均值收益的变化曲线的差距非常小。随着算例规模的增大，ACO 算法与其4种改进版本的平均收益值的差别越来越大。在图4-6(b)中，算法 LS_2、LS_3

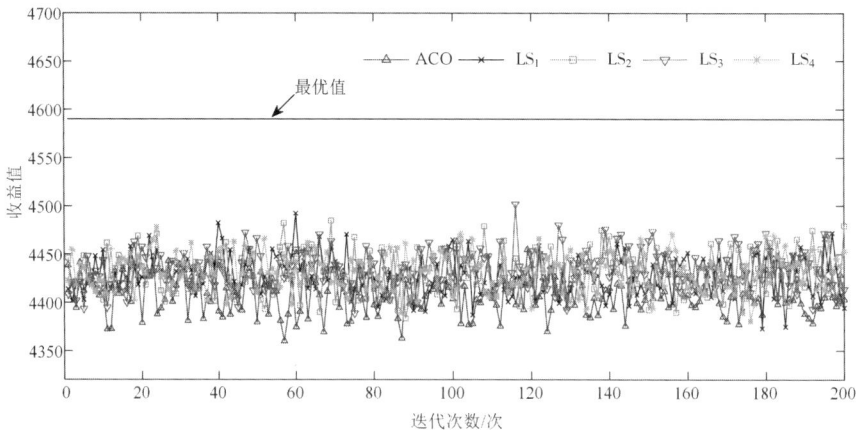

(a) 算例1

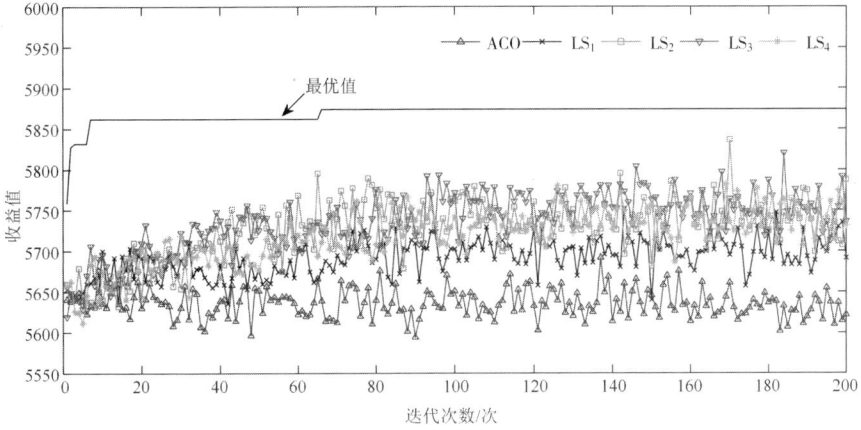

（b）算例2

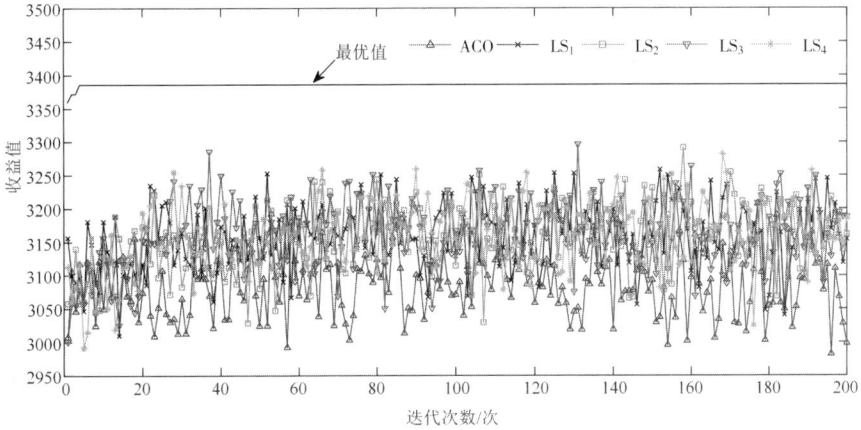

（c）算例3

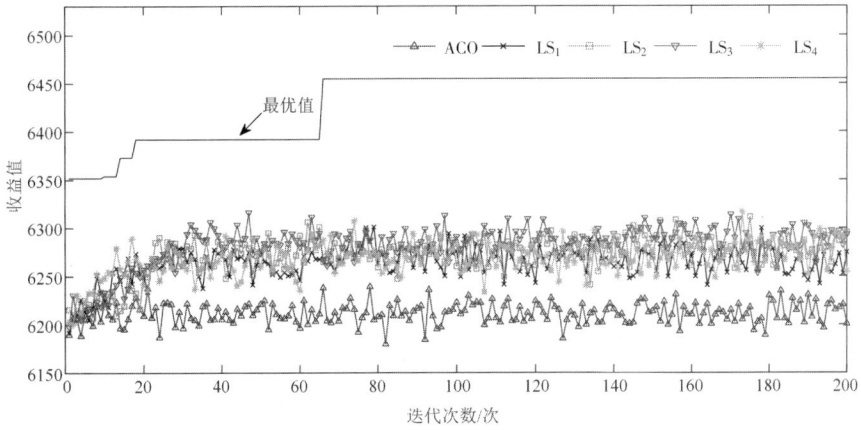

（d）算例4

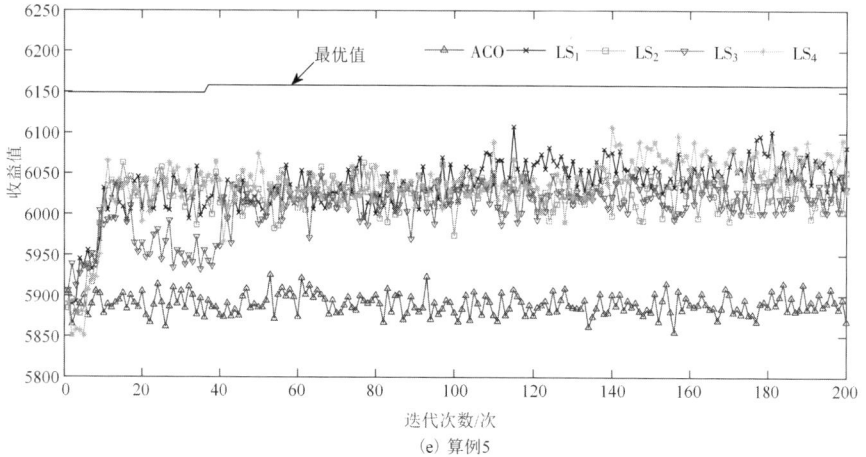

(e) 算例5

图 4-6 不同求解算法下的收益值变化

与 LS_4 表现更好，即局部搜索算子 Random-replace、2-OPT 与 3-exchange 更适合该算例。在图 4-6(a) 中，算法 LS_3 表现更优。在图 4-6(b) 中，基于算子 Random-restructure 与 2-OPT 的蚁群求解算法能得到更高的平均收益值。

特别地，通过图 4-6(c) 发现，算例 3 的收益均值并没有因为算法的改进而提高，即加入局部搜索算子并没有得到很好的改善。通过分析算例 3 的数据结构可知，算例 3 中患者批次存在很多包含与被包含的关系，而且批次的收益值与其包含单个患者收益之和相差很小，即任务合成过程对整体收益的影响微乎其微。算例 3 中的第一个患者批次 $S_1 = \{2, 5, 8, 9, 10\}$ 包含 5 位患者 $\{P_2, P_5, P_8, P_9, P_{10}\}$，诊疗单个患者的收益与诊疗批次 S_1 的收益具体如表 4-9 所示。

表 4-9 批次 S_1 与其包含的单个患者的诊疗收益值

项目	患者批次	单个患者				
	S_1	P_2	P_5	P_8	P_9	P_{10}
收益值	1765	133	243	422	459	505
总收益值	1765	1762				

在表 4-9 中，诊疗批次 S_1 的收益值为 1765，诊疗患者 P_2，P_5，P_8，P_9，P_{10} 的诊疗收益之和为 1762，两种情况下的诊疗收益差距不大。算例 3 数据中的收益值相对分布较为平均，没有很大的差异性，患者是否选择多患者诊疗模式对总体收益影响不大。

表 4-10 显示了所有患者全被诊治完的情况下，在 200 次迭代下算法运行时间与最优收益值情况。根据表 4-10 中的结果，在迭代次数为 200 次的情况下，算法求解时间较短，针对多患者诊疗模式下的医患调度问题，可在较短时间内找到解。在同一个算例中的不同求解算法所花费时间相差不大。

表 4-10　患者全被诊治完情况下的运行时间和收益值

算法		ACO	LS_1	LS_2	LS_3	LS_4
算例 1	收益	4590				
	时间/s	1.22	1.38	1.32	1.35	1.33
算例 2	收益	5874				
	时间/s	3.15	3.61	2.99	2.75	3.28
算例 3	收益	3386				
	时间/s	6.8	5.13	6.36	6.17	5.58
算例 4	收益	6455				
	时间/s	6.34	6.63	6.4	6.85	6.52
算例 5	收益	6158				
	时间/s	24.57	23.21	22.95	23.6	24.5

表 4-11 显示了求解中小规模的医疗资源调度问题的改进蚁群算法的算法结果的方差分析。5 个算例的当前最优收益值均在 4400 以上，因此根据表 4-11 中关于当前最优收益以及平均收益在随机连续 10 次实验下的方差值来说，改进蚁群算法在求解质量上相对稳定。同时，在随机连续 10 次实验下关于时间的方差也较小，这表明算法在求解时间上也是相对稳定的。

表 4-11 算法结果的方差分析

算法	1	2	3	4	5
$\sigma^2_{当前最优}$	18.72	19.11	4.00	21.50	13.59
$\sigma^2_{平均收益}$	22.27	20.25	24.44	31.42	30.59
$\sigma^2_{时间}$	0.42	0.9	1.41	1.46	2.03

2. 较大规模的共享医疗资源调度问题

为了检测算法在较大规模的多患者诊疗模式下医患匹配调度问题的时间响应效果，我们构造了较大规模的医患问题数据，具体介绍如下。

（1）实验数据

假设患者预约行为服从泊松分布，根据正常上下班时间，记录从 8:00 到 12:00 四个小时内患者的预约情况。按照一个医生连续工作 240 分钟，每个患者诊疗 5 分钟计算，如果按照传统诊疗规则的话，每个医生该时段内最多诊疗 48 个患者。假设根据病情严重程度分为轻、中、重三个等级，可通过病情得分来判定。

每个患者的病症得分为 [1,10] 的随机生成的整数。病情等级轻对应的病情得分为 [1,4]，病情等级中对应的病情得分为 [5,7]，病情等级重对应的病情得分为 [8,10]。由于同一个批次中患者的相似度较高，如果基于患者预约时间与病症得分确定患者间的相似度，即预约时间与病症等级越类似的患者有更大的概率被分到一个组中。那么，多患者诊疗模式下的合成约束条件为：

①同一个患者批次内患者的预约时间不超过 10 分钟；

②同一个批次内患者的病情等级不能超过两级。

根据上述分析，验证在多患者诊疗模式下，每个医生在上午时间段内就诊患者人数分别为 48、60、80、100 人时的实验情况。

图 4-7 显示了唯一型合成模式下患者人数分别为 48、60、80 人时的患者合成分布情况，此时采用 CG 合成方法。由于患者的预约时间服从均值为 0.2 的泊松分布，因此在 [0,60] 时间段内患者分布相对集中。通过图 4-7(b) 与图 4-7(c) 可知，随着患者人数的增加，单位时间内患者密度也相应增加，患者批次也随之增加。

（a）患者人数为48人

（b）患者人数为60人

（c）患者人数为80人

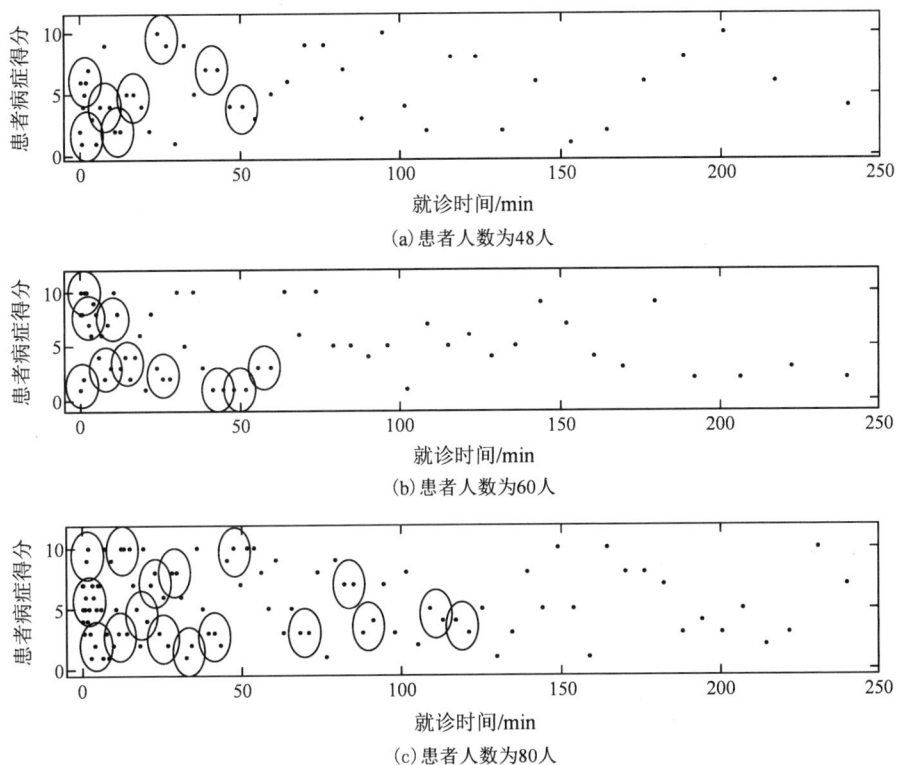

图 4-7　唯一型合成模式下的患者合成分布图

（2）案例分析

在数值实验部分，由于在不同患者规模下的实验分析较为类似，为避免实验赘述，仅列出患者人数为 80 人时的当前最优收益以及收益均值的曲线图。表 4-12 中为患者人数分别为 48、60、80、100 人时改进蚁群算法中相关参数的设置。

表 4-12　算法参数设置

患者人数/人	m	α	β	Q	ρ	ρ_{local}
48	7	1	2	300	0.25	0.3
60	10	1	2	250	0.25	0.4
80	10	1	2	200	0.25	0.4
100	10	1	2	200	0.25	0.4

在表 4-12 中汇总了患者人数分别为 60、80、100 人时，在较大规模情况下改进蚁群算法在医疗资源调度问题上的实验结果。

图 4-8 展示了多选择型合成模式下，在迭代次数为 100 次，患者人数为 80 人时，各版本改进蚁群算法的最优收益值与某收益均值的变化情况。不难看出，改进版的蚁群算法在 100 次迭代下得到了最优值，而此时 ACO 还未得到最优收益值。这说明通过对 ACO 的改进，不仅扩大了算法的搜索深度，而且在提高整体解质量的同时，也获得了更优的解。

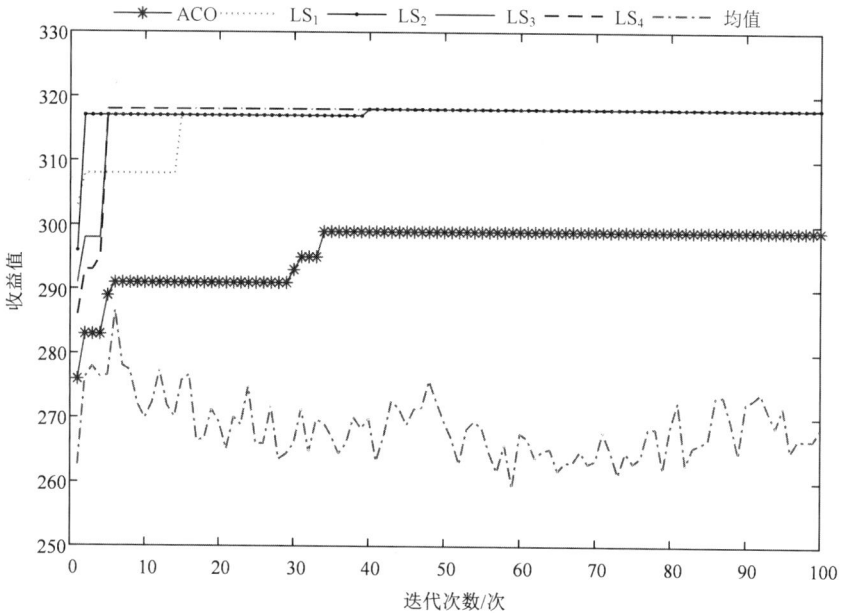

图 4-8   多选择型合成模式下的收益值变化情况

对于较大规模的医疗资源调度问题，表 4-13 分别比较了改进蚁群算法在两种合成模式下的表现：一种是采用合成方法（原诊疗模式），另一种是采用 MS 合成方法（MS）。在原诊疗模式下，患者人数最多为 48 人，收益值显示了原诊疗模式下的最优收益，而 IMP 表示 MS 相对于原诊疗模式的收益提升率。在多选择型模式下，收益提升比较明显，尤其是随着问题规模的增大，收益提升更为显著，最多可增加 35%。在唯一型模式下，当患者人数为 60 人时，收益提升为负值。这是因为在唯一型模式下，一个患者至多存在于一个批次中，这样虽然使得解空间的规模变小，原本可以存在的解序列通过任务的合成过程后消失了，牺牲了解空间的多样性。但也说明了在问题规模较小的情况下，不适合采用唯一型合成模式。

表 4-13　两种合成模式下的收益提升效果

合成模式	问题规模	原诊疗模式		MS		IMP/%
		患者人数/人	收益值	患者人数/人	收益值	
多选择型	60	48	289	59	298	0.031
	80	48	361	66	417	0.15
	100	48	382	88	516	0.35
唯一型	60	48	289	55	286	−0.01
	80	48	361	55	379	0.049
	100	48	382	61	410	0.073

以 MS 合成方法为例，表 4-14 显示了改进蚁群算法与 ACO 在求解患者人数分别为 60、80、100 人时医疗资源调度问题的算法求解时间，求解时间都在 10 s 内。患者批次的选择模式为多选择型的求解时间普遍比唯一型选择模式整体上要长，这是因为在多选择型模式下，每位患者可能同时存在于几个不同的批次中，使得解空间的规模相对较大，所以求解算法关于多选择模式下问题的求解时间要长。综合考虑表 4-13 中解的收益情况与表 4-14 中的求解时间，对于共享模式下的医疗资源调度问题，在算法求解时间相差不大的情况下，适宜采用多选择型合成模式。

表 4-14　算法的求解时间　　　　　　　　　　　单位：s

合成模式	患者人数/人	ACO	LS_1	LS_2	LS_3	LS_4
唯一型	60	4.70	4.31	4.75	4.64	4.51
	80	4.95	4.62	5.05	5.14	4.92
	100	5.21	4.91	5.32	5.43	5.21
多选择型	60	5.19	5.50	6.03	5.89	5.83
	80	5.90	6.13	7.43	6.57	6.04
	100	6.65	6.82	8.25	7.34	6.82

4.4 基于 EFWA 算法的求解方法

共享模式下的医疗资源调度问题属于离散的组合优化问题，而传统的烟花算法用于求解连续可行解空间下的优化问题。本文基于烟花算法的思想设计了针对解决共享医疗资源调度问题的改进烟花算法（EFWA），该求解算法主要包括种群生成初始化、子代生成（通过爆炸算子与高斯变异产生子代）、高斯变异、种群选择。下面介绍离散烟花算法的原理。

1. 初始种群生成

设定种群数量为 N，用贪婪算法生成 N 个初始种子烟花 $S = \{S_1, S_2, \cdots, S_N\}$，作为初始种群。

2. 子代生成

爆炸算子为种子烟花生成子代，决定了算法寻优的位置和方向，包括爆炸幅度、爆炸强度和位移操作。爆炸幅度控制算法搜索步长大小，通过火花的适应值函数来引导爆炸幅度的大小，共享模式下多患者诊疗模式的医患匹配问题中的适应度函数为：

$$f(x_i) = M / \mathrm{val}(x_i) \tag{4-21}$$

式中：M 为大于最大收益值的正整数；$\mathrm{val}(x_i)$ 为可行解 x_i 的观测收益值。爆炸强度决定子代数量。下面具体介绍本章问题下的烟花算法的位移过程。

设第 i 个烟花所对应的解为 $S^i = \{S^i_1, \cdots, S^i_l, \cdots, S^i_{n_i}\}$，$l \leqslant n_i$，$S^i_l$ 为患者批次序列 S^i 中的第 l 个患者批次，记其时间窗信息为 $<ws^i_l, we^i_l>$，分别对应着该批次就诊的开始时间与结束时间。因可行解的每一维度对应着一个批次，批次属于离散变量，所以通过计算 S^i 每一个维度上对应批次的可转移批次集合来实现种子烟花 i 的位移操作。可以替代患者批次 S^i_l 的批次集合记为 $\mathrm{Shiftset}^l_i$，对于 S^i_l 可替代的每一个患者批次 $S_u \in \mathrm{Shiftset}^l_i$ 需满足：

（1）时间约束

批次 S_u 的开始时间不能超过批次 S_l^i 的结束时间。

（2）患者的唯一性约束

要求每位患者至多就诊一次，即 S_u 所包含的患者不能与除批次 S_l^i 外的患者批次序列 S^i 中所包含的患者重复。

（3）时间资源约束

患者批次 S_u 所需要的就诊时间不能超过医生当前可支配的时间。

计算完第 i 个烟花对应的各个维度上的可转移合成任务集合后，通过第 i 个烟花的爆炸幅度 A_i，可以得到第 k 维度上的"转移量" offset_i^k，其中

$$\text{offset}_i^k = \text{unidrnd}(A_i) \tag{4-22}$$

$\text{unidrnd}(A_i)$ 为在幅度 A_i 内生成的随机整数。对 offset_i^k 设定映射规则为：

$$\text{offset}_i^k = \begin{cases} \text{offset}_i^k, & \text{offset}_i^k < \text{length}(\text{Shiftset}_i^k) \\ \text{length}(\text{Shiftset}_i^k), & \text{其他} \end{cases} \tag{4-23}$$

父代烟花的位移示意图如图 4-9 所示。随机选择父代烟花第 k 维度的位移（$k=4$），计算对应批次的可转移集合 Shiftset^k 与转移量 offset_i^k（$\text{offset}_i^k=2$）。然后随机选择 S_3 的可交换合成任务 S_v 完成交换，得到新的子代烟花。

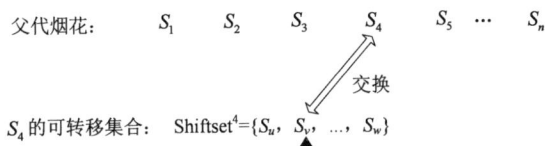

图 4-9　父代烟花的位移示意图

算法 4-2 为关于医疗资源匹配问题的由种子烟花 Seeds 生成子代烟花 Sons 的算法伪代码，其中 $\text{length}(\text{Shiftset}_i(\text{dimen}))$ 代表第 i 个种子在第 dimen 维度上的可转移患者批次的个数。首先选择一个种子烟花 $\text{Seeds}(i)$，根据 $\text{Seeds}(i)$ 的爆炸强度 A_i 与火花数 $\hat{s}$ 决定生成多少个子代烟花，然后随机选择转移次数 $\text{rand}_{\text{dimen}}$，在每次转移过程中随机选择种子烟花 $\text{Seeds}(i)$ 的一个维度 dimen 进行位移，产生新的个体解。

算法 4-2 子代生成算法

输入：种子烟花 Seeds.

输出：子代烟花 Sons

1：计算 Seeds 产生的火花数 $\hat{S}$

2：计算 Seeds 的爆炸幅度 A

3：for i = 1: Seeds$_{num}$ do

4：   生成 Seeds(i) 中关于每个维度上的可转移患者批次集合 Shiftset$_i$

5：   for j = 1: $\hat{S}$(i) do

6：   for k = 1: rand$_{dimen}$ do

7：   dimen = rand(1, length(Seed(i)))

8：   Sons←Seeds(i) + rand(0, length(Shiftset$_i$(dimen)))

9：   end for

10：   end for

11：end for

---

3. 高斯变异过程

高斯变异过程与爆炸过程最本质的区别为：在第 i 烟花第 k 维度上的改变，即位移量是高斯变异过程与爆炸过程中新个体生成的最大区别。高斯变异的随机整数 g 为：

$$g \sim N(\tilde{m}, 1)$$

式中：g 为随机正整数；$\tilde{m}$ 为 Shiftset$_i^k$ 内元素数的一半，Shiftset$_i^k$ 为第 i 个烟花第 k 位置处合成任务的可转移集合。对 g 设定的映射规则为：

$$g = \begin{cases} g, & g < \text{length}(\text{Shiftset}_i^k) \\ \text{length}(\text{Shiftset}_i^k), & \text{其他} \end{cases} \tag{4-24}$$

4. 种群选择

烟花算法中的种群选择策略是基于个体间的距离来进行选择的，需要同时保证解的质量与种群的多样性。种群选择策略为：保留当前种群中的最优个体作为下一代种群中的第一个种子烟花，其余种子烟花根据它们与其他个体之间的距离来选择。针对共享模式下的医患组合匹配问题，用解之间的收益值差距来度量个体之间的距离，那么个体 i 与其他个体之间的距离为：

$$R(x_i) = \sum_{j=1}^{K} \| \text{val}(x_i) - \text{val}(x_j) \| \tag{4-25}$$

式中：$val(x_i)$ 为个体 i 的观测收益；K 为当代种群中的个体集合。

种群选择策略为：当超过前 X 代后，选择当前种群中观测收益值最大的前 $N/2$ 个个体作为下一代种群中的个体，其余 $N/2$ 个个体根据公式（4-26）的概率公式选择。

$$p(x_i) = \frac{R(x_i)}{\sum_{j=1}^{K} R(x_j)} \tag{4-26}$$

4.5　基于 EFWA 的多诊疗模式医患组合调度案例分析

4.5.1　算法可行性分析

本节实验数据同样使用文献［108］中的算例来验证烟花算法求解共享模式医疗资源调度问题的可行性。以算例 4 为例，展示多选择型合成模式下的所有患者必须被服务完情况下的实验效果，设置烟花的种子数 seeds＝20，烟花爆炸范围为［2，40］。图 4-10 显示了采用 EFWA 算法求解算例 4 得到的当前最优

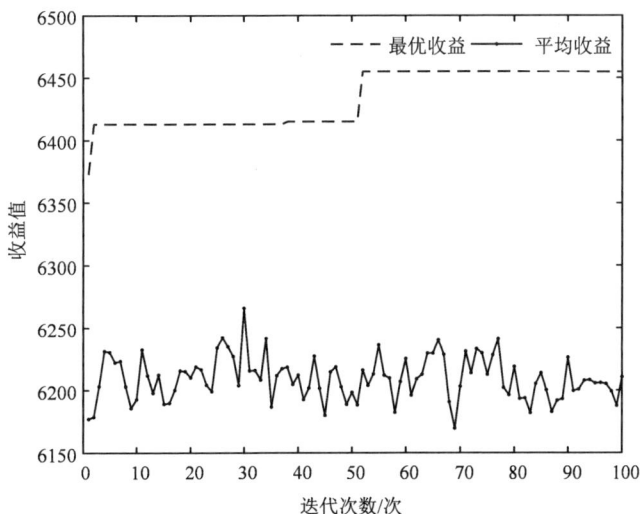

图 4-10　基于 EFWA 的最优值变化（算例 4）

收益值的变化情况，在 50 次左右时达到了当前最优解。图 4-11 显示了算法求解时间，在迭代 100 次的情况下，3.75 s 左右就能获取当前最优观测方案，说明了 EFWA 对于求解本问题是可行有效的，也说明了 EFWA 在现实多患者诊疗模式医疗调度问题中是可以应用的。

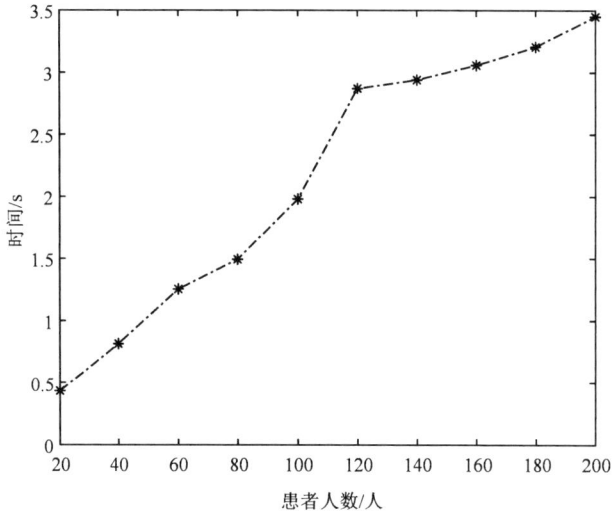

图 4-11　基于 EFWA 的运行时间(算例 4)

4.5.2　改进烟花算法的实验效果分析

在本节中，使用文献[108]中的 5 个数据算例来说明 EFWA 算法在解决医疗资源调度问题方面的可行性。文献[108]中的实验分析以最大化收益为目标函数，并没有将所有商品全部卖出作为约束条件，这与考虑患者不需全被服务情况下(情况②)的医疗资源调度问题是等价的。因此先对相同实验数据与问题约束下的情况②进行实验分析，然后对比不同合成方法与 EFWA 算法的有效性与适应性。

1. 中小规模的共享医疗资源调度问题

对于中小规模的医患调度问题，实验数据采用文献[108]中的 5 个数据算例。通过大量参数实验比较，相关的参数组合见表 4-15。

表 4-15　中小规模下烟花算法参数设置

	患者人数/人	问题规模	种子数	火花数	火花范围
算例 1	8	30	10	50	[2, 40]
算例 2	10	50	15	50	[2, 40]
算例 3	10	50	15	50	[2, 40]
算例 4	15	98	20	50	[2, 40]
算例 5	15	100	20	50	[2, 40]

表 4-16 展示了在患者不需被全部服务的情况下，本文中 EFWA 与文献 [108] 中实验结果的比较，对于 5 个算例，在都达到相同当前最优值的情况下，对比了算法求解时间与平均收益。通过表 4-16 不难发现，由本文中的 EFWA 算法得到的收益均值较文献 [108] 中的稍高，但均值相差不大。然而，在时间方面，本文中 EFWA 求解时间更快，这表明本文提出的 EFWA 算法对于求解该问题是可行有效的。

表 4-16　算法的有效性分析

算例	1		2		3		4		5	
	时间/s	均值	时间/s	均值	时间/s	均值	时间/s	均值	时间/s	均值
文献 [108]	0.81	4400	1.91	5500	1.9	2750	9.26	6100	7.89	5800
EFWA	1.29	4470	1.13	5650	2.37	2903	3.46	6150	5.47	5820

通过分析文献 [108] 中的 5 个数据算例的数据结构可以发现，对于存在包含与被包含关系的数据中，EFWA 算法的求解效果较 EACO 更优。如表 4-17 所示，算例 5 中的前 6 个患者批次中，6 号患者同时存在于 6 个患者批次。在解的构造过程中，如果选择了表 4-17 中的任意一个批次，那么其余 5 个批次都不可再被选择，所以此类解空间相对比较分散。对于蚁群算法，每只蚂蚁在构造解的过程中与其之前访问过的批次息息相关，一旦选择了一个不佳的节点，就会得到一个质量较差的解。烟花算法属于爆炸式搜索，更易发现不同情形下的解，因此对于该类型的算例数据，烟花算法表现更好。

表 4-17 算例 5 中的患者批次

批次编号	1	2	3	4	5	6
患者	2, 4, 6, 12, 15	2, 4, 6, 15	4, 6, 9	3, 4, 6	4, 6	6

2. 较大规模的医疗资源调度问题

若在医生某个工作时间段内患者人数超过 48 人，则称其为较大规模的医患组合调度问题。此类医患组合调度问题的实验数据生成方式与 4.3.2.2 节中相同，在此不予赘述。经过实验验证，在一个就诊时间段内，患者人数分别为 48、60、80、100 人时，设置 EFWA 的火花数为 50 个，火花范围为 [2,40]，其他参数见表 4-18。

表 4-18 EFWA 参数设置

患者人数/人	唯一型		多选择型	
	问题规模（CG/MS）	种子数/个（CG/MS）	问题规模（CG/MS）	种子数/个（CG/MS）
48	22/34	10/10	22/61	15/20
60	23/40	10/15	23/76	20/25
80	23/57	10/20	28/99	25/30
100	25/58	15/25	35/138	15/35

表 4-18 为不同患者人数下，两种合成模式烟花算法的参数设置。不难发现，基于 MS 任务合成方法生成的问题规模比 CG 的大，这表明基于 MS 生成的数据样本多样性较好。

对于较大规模的医疗资源调度问题，表 4-19 显示了改进烟花算法对原诊疗模式与合成诊疗模式分别在两种合成模式(多选择型合成模式、唯一型合成模式)下的实验结果。

表 4-19　两种合成模式下的收益提升效果

合成模式	问题规模	原诊疗模式		合成诊疗模式		
		人数/人	收益值	人数/人	收益值	提升率/%
多选择型	60	48	289	60	306	5.8
	80	48	361	68	426	18.0
	100	48	382	91	528	38.0
唯一型	60	48	289	55	299	3.0
	80	48	361	55	385	6.6
	100	48	382	63	423	1.7

在一个诊疗时间段内，原诊疗模式下的患者人数最多为 48 人，"收益值"为该模式下的最优收益；"提升率"与原诊疗模式相比，采用基于 MS 合成方法提升的收益值；多选择型的收益值提升比较明显，尤其是随着问题规模的增大，收益提升可增加至 38%。相较于多选择型模式，由于唯一型模式下解空间的多样性较差，故其收益值提升效果不如多选择型模式。

图 4-12 展示了两种合成模式下关于 CG、MS 任务合成方法的算法求解时间。不难发现，基于 CG、MS 两种任务合成方法的算法求解时间都较快。总体而言，基于 CG 任务合成方法的求解时间比 MS 方法的求解时间短，即使在多选

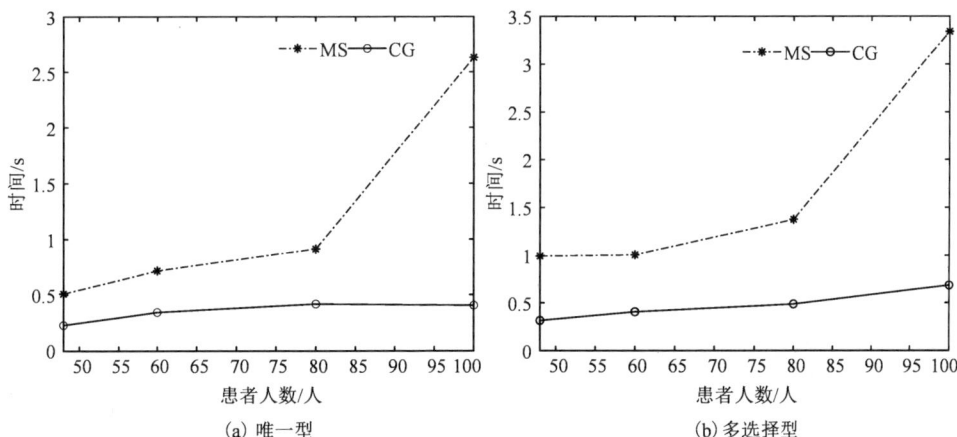

(a) 唯一型　　　　　　　　　　(b) 多选择型

图 4-12　EFWA 算法在不同合成模式下的求解时间

择型合成模式下的求解时间也不到 0.7 s。

通过分析不同实验情形下的实验结果，可以得出以下结论：多选择型合成模式下的算法收益值优于唯一型合成模式下的，但其求解时间较长；由 MS 任务合成方法所得到的解空间多样性优于 CG 合成方法的，因此 MS 算法收益值较优。

4.6　本章小结

本章介绍了考虑共享服务的医疗资源调度问题。首先，通过一种慢性病的特例——乙肝，证明了所提多患者诊疗模式的可适用性与优点。然后，针对多患者诊疗模式下的乙肝问题，分别进行了患者全服务和患者部分服务两种情形下的实验分析，并进行了改进蚁群算法与改进烟花算法与任务合成方法相结合的两阶段求解方法的实验设计与求解。实验结果证明，EACO 算法与 EFWA 算法所设计的两阶段求解算法都能得到较优解，且两种求解算法的响应时间都较短。对于解空间较分散的情况，烟花算法的求解效果优于蚁群算法。实验还验证了 EACO 算法与 EFWA 算法通过与 MS、CG 两种任务合成方法结合，在保证较高收益的前提下，减少了两阶段算法的求解时间。

第 5 章

考虑共享服务的成像卫星资源调度问题

本章主要介绍共享服务模式下成像卫星资源调度问题,即考虑任务合成过程的卫星资源调度。首先,介绍共享卫星资源调度问题的工作原理及问题特点;随后,基于第 3 章中的任务合成方法,针对卫星合成任务调度问题特点,设计了调度求解方案,分别用 EACO 算法与 EFWA 算法进行求解。

5.1　问题描述与建模

成像卫星绕地球飞行,轨道高度一般为 180~700 km,轨道形状为圆形或近圆形,飞行速度约为 7 km/s,每天可以绕地球飞行约 16 圈。由于卫星大多绕地球飞行在近地太阳同步轨道,可在特定时段经过目标上空,进而对目标进行成像。星载遥感器具有一定的视场角,其观测范围通过其侧摆(roll)、俯仰(pitch)等机动能力参数及星下点轨迹来确定。星下点是指卫星与地心连线与地面的交点(或者卫星在地面上的投影点),一般可用经纬度表示。星下点轨迹(星下线)是指星下点在地球表面运动形成的轨迹。成像卫星的有效观测条带如图 5-1 所示,成像卫星在成像过程中处于高速运转状态,且星载遥感器具有一定的视场角度,因此对任务区域内目标所获取的成像形状呈条带状。成像条带的长度由观测时间确定,宽度由星载遥感器的视场角度和卫星轨道高度共同确定。可观测范围内所处的时段为目标任务的可观测时间窗。

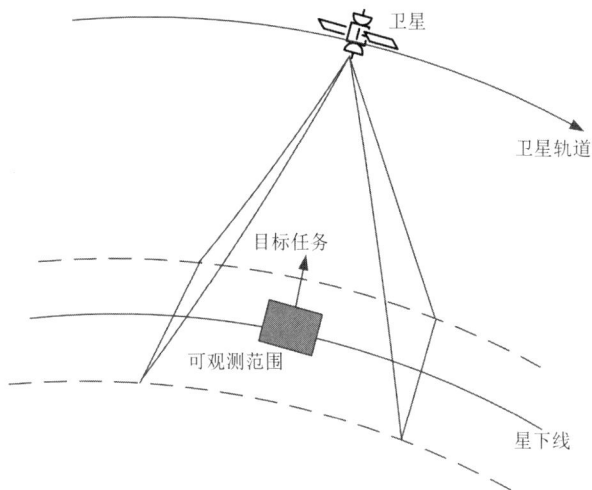

图 5-1 成像卫星的有效观测条带

5.1.1 考虑任务合成的成像卫星资源调度问题

共享服务模式下的成像卫星资源调度问题属于资源约束调度问题，包含一个任务集合 $T=\{T_1, T_2, \cdots, T_n\}$ 和一个资源集合 $M=\{M_1, M_2, \cdots, M_m\}$。任务集合包含了需要被安排的任务，资源集合包含了完成任务所需要的资源。在分配给相关任务一定的资源时，每个资源都有一定的约束条件，即只有满足资源约束条件的任务才能被执行。

考虑任务合成过程的成像卫星调度问题可描述为：在满足多颗成像卫星资源约束及任务需求的条件下，对合成任务进行统一调度，为合成观测任务分配卫星资源和时间，制定观测任务方案。具体地，一组卫星需要观测一定数量的任务，每个观测任务都有一定的优先级，且与卫星之间有对应的可观测时间窗。根据任务之间的可观测时间窗、观测角度等进行任务合成，生成合成任务的可观测时间窗、优先级以及观测角度等，为合成的观测任务制定具体的观测任务方案。成像卫星的观测任务一般可分为点目标和区域目标，本文主要针对相对密集型的点目标任务进行合成调度求解。本文对考虑任务合成的成像卫星调度问题主要解决的两个子问题为：

（1）如何对元任务进行合成，获取合成任务；

（2）如何对合成任务进行有效调度，使得整体观测收益最大。

下面对任务冲突、合成任务、卫星合成任务观测及其相关定义、性质进行阐述。

1. 任务冲突

在任务较密集的观测区域中，传统的单任务观测方式会使许多任务互相冲突，导致卫星观测效率低。由于卫星一直在轨高速飞行，只有当卫星飞过目标区域时，才能对观测目标进行成像。卫星的持续成像过程可以持续几秒至几分钟，在此段成像时间内，通过转动相机角度，实现对单个目标任务的观测。因此，每个观测任务都与卫星的一个特殊时间窗口关联，这个时间窗口称为该观测任务的可见时间窗口。若任务的可见时间窗口重叠，即在卫星某一个可见时间窗口内包含多个观测任务，任务之间就很可能存在冲突。任务冲突是由邻近的两个任务间无法正常完成卫星传感器的姿态转换导致的，其原理如图 5-2 所示。

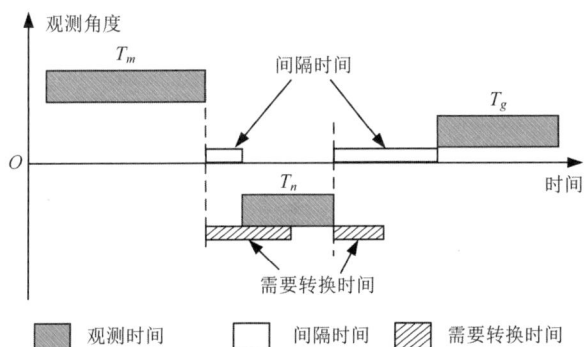

图 5-2　任务转换时间

在图 5-2 中，T_m 与 T_n 间的转换时间少于需要转换时间，T_m 完成观测后卫星无法继续观测 T_n，T_m 与 T_n 之间是冲突的。但 T_m 与 T_g 间的转换时间多于需要转换时间，T_m 与 T_g 之间不冲突。

2. 任务合成

对于某些侧摆能力较差，或者在每个轨道圈次内有严格限制的侧摆次数的卫星，或者是在观测区域比较密集、任务比较集中的情况下，更需要通过任务之间的合成来完成观测活动，从而提高卫星观测效率。如果使用传统方式单次单任务地进行观测，很多任务之间就会变成互相冲突的任务，使得卫星观测效率也较低。

遥感器具有一定的视场角，在一次推扫成像过程中能够覆盖地面上一定幅宽的条带形区域。当相邻的两个目标同处于卫星的同一观测条带时，通过调整观测角度，成像卫星的一个观测活动可以同时覆盖多个任务，那就可以将这些同时被覆盖的任务一起观测，即合成观测。

相邻单任务间的冲突可以通过基于任务合成机制的多任务观测来消减，图 5-3 介绍了任务合成的过程。如果几个邻近的单任务(如 T_i、T_k 与 T_l)可通过转动卫星相机角度，使得 T_i、T_k 与 T_l 同时被卫星在一次观测活动中观测，称 T_i、T_k 与 T_l 为观测卫星的一个合成任务。这个合成任务包含单任务 T_i、T_k 与 T_l。若 T_i、T_k 与 T_l 采用单任务观测方式，卫星只能选择其中一个任务进行观测；若采用多任务合成的观测方式，可实现 T_i、T_k 与 T_l 三个单任务的全部观测。

图 5-3 显示了任务合成观测的过程，在考虑任务合成的成像卫星调度问题中，元任务与合成任务的具体含义如下。

定义 5. 1 元任务：卫星在一次过境过程中观测的单个任务称为元任务。

定义 5. 2 合成任务：若卫星在一次观测中采取多任务观测方式同时可以观测多个元任务 T_i, $\cdots$, T_l，称元任务序列 T_i, $\cdots$, T_l 为该卫星的一个合成任务 $Obs(i, l)$。特别的，一个合成任务中可以仅包含一个元任务。

在图 5-3 中，任务序列 T_i, T_k, $\cdots$, T_g 中的每一个任务是一个元任务；元任务序列 $T_i \sim T_l$ 可以同时在卫星的一次观测活动中全部被观测完，那么 $T_i \sim T_l$ 是该观测卫星的一个合成任务，简记为合成任务 $T(i, l)$。

当待观测区域内的任务较密集时，卫星若采取单任务观测方式，因任务冲突现象，会导致卫星的观测效率大幅度降低。此时，对回转能力有限的卫星，可采用基于任务合成机制的多任务观测模式。与传统的单任务观测相比，任务合成观测不仅可以通过减少传感器的打开次数节约卫星能量资源，还可以通过消减任务冲突提高观测收益。

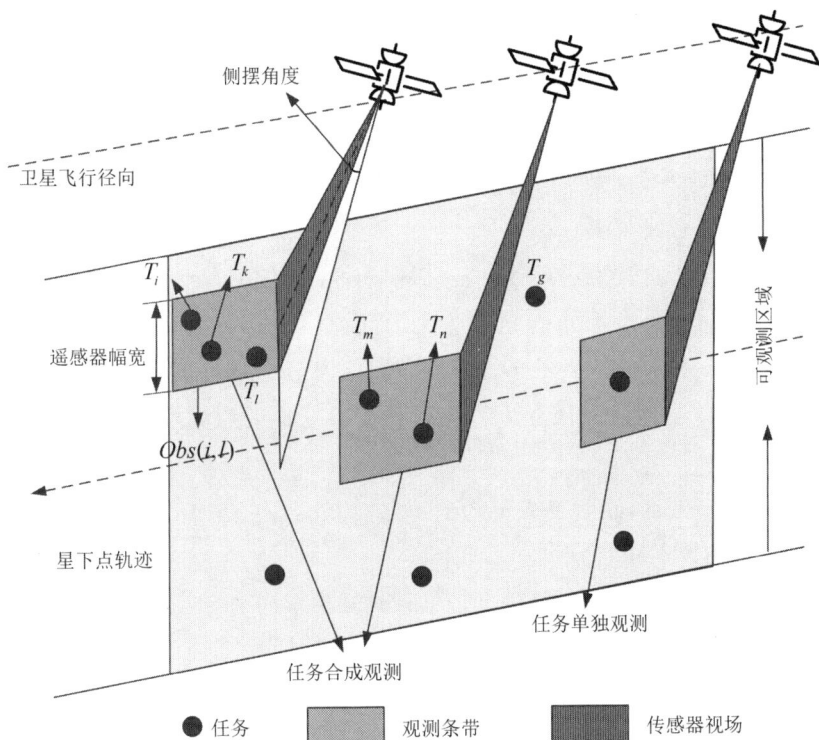

图 5-3　成像卫星任务合成观测示意图

3. 卫星合成任务观测

不同任务能够被合成观测，须满足合成约束条件。在介绍合成约束前，先介绍卫星合成任务规划问题中的表示符号。

$S = \{S_1, S_2, \cdots, S_{N_s}\}$ 表示 N_s 个卫星资源，S_j 表示第 j 个卫星资源。$T = \{T_1, T_2, \cdots, T_{N_T}\}$ 表示 N_T 个观测任务集合。其中，T_i 表示第 i 个观测任务，其时间窗口集合为 $O_i = \bigcup\limits_{j=1}^{N_s} \bigcup\limits_{k=1}^{N_{ij}} O_{ijk}$，$N_{ij} = |O_{ij}|$ 为 T_i 在卫星 S_j 中的时间窗口数量。$O_{ijk} = [(ws_{ijk}, we_{ijk}), g_{ijk}]$ 为任务 T_i 在卫星 S_j 观测下的第 k 个时间窗口，其中 ws_{ijk}, we_{ijk} 分别为时间窗口 O_{ijk} 的起始时间和终止时间，g_{ijk} 为其观测角度。对于卫星 S_j，视场角记为 Δg_j，单次最长开机时间为 Δt_j，遥感器侧摆速率为 λ_j，

89

单位时间内观测所需存储空间和能量分别为 α_j 和 β_j，遥感器侧摆能耗为 ρ_j，最大存储空间及能量分别为 M_j 和 P_j。

（1）合成角度约束

对于合成任务中的多个元任务，它们必须在遥感器的单个视场宽度内。观测条带的幅宽长度可以通过遥感器的角度来计算表示，所允许的最大角度差为卫星遥感器的视场角。那么位于同一个观测条带内的元任务必须同时满足角度约束条件，才能合成观测。

对于卫星 S_j，由其视场角 Δg_j 定义视场范围。设卫星 S_j 对任务 T_i 的时间窗口数量为 N_{ij}；O_{ijk} 为任务 T_i 的第 k 个时间窗口；O_{ijk} 的起始时间和终止时间分别为 ωs_{ijk} 和 ωe_{ijk}；任务 T_i 在 O_{ijk} 中的观测角为 g_{ijk}。对于时间窗口 O_{ijk} 下的合成任务 $Obs(i, l)$，包含元任务 T_i，$\cdots$，T_l，那么它们的观测角度 g_{ijk}，$\cdots$，g_{ljk} 必须满足：

$$\max(g_{ijk}, \cdots, g_{ljk}) - \min(g_{ijk}, \cdots, g_{ljk}) \leqslant \Delta g_j$$

（2）观测时间约束

成像卫星调度的一个主要特点是具有时间窗口约束，即观测任务必须在时间窗口内执行，卫星在单轨中有单次的最长开机时间。若几个元任务要同时被合成观测，那么它们的观测窗口都必须在卫星的单次最大开机范围内。

设卫星 S_j 单次最长开机时间为 Δt_j，对时间窗口 O_{ijk} 下的合成任务 $Obs(i, l)$，需满足的时间约束为：

$$\max(\omega e_{ijk}, \cdots, \omega e_{ljk}) - \min(\omega s_{ijk}, \cdots, \omega s_{ljk}) \leqslant \Delta t_j$$

特别的，当一个合成任务包含两个元任务时，如 $Obs(m, n)$ 中只包含 T_m 与 T_n 两个任务，那么 $Obs(m, n)$ 的时间窗口与观测角分别为：

$$TW_{com} = \left[\min(ws_{mjk}, ws_{njk}), \max(we_{mjk}, we_{njk}) \right]$$

$$g_{com} = \frac{g_{mjk} + g_{njk}}{2}$$

（3）合成观测性质

Liu 在文献[116]中给出了卫星单轨下合成任务的最优观测角度算法，合成任务观测角度满足如下性质：

引理 5.1 若任务序列 T_i，$\cdots$，T_l 为一合成任务 $Obs(i, l)$ 成立，那它的合成任务观测角度记为 cg_{il}，则 $\omega e_i - \omega s_l \leqslant \Delta t$，$|g_i - g_l| \leqslant \Delta g$，且 $g_i, g_l \in [cg_{il} - \Delta g/2, cg_{il} + \Delta g/2]$ 成立。

引理 5.2　若任务序列 $T_i, \cdots, T_l$ 为一合成任务 $Obs(i, l)$ 成立，设该任务序列元任务中最大观测角度为 $g_{\max}$，最小观测角度为 $g_{\min}$，则合成观测角度的取值范围为 $[g_{\max}-\Delta g/2, g_{\min}+\Delta g/2]$。

5.1.2　问题建模

本节建立成像卫星合成任务调度问题的数学模型。该问题可以用五元组 $<S, T, O, C, F>$ 表示，其中 S 为卫星集合，T 为任务集合，O 为合成任务的时间窗口，C 为约束条件集合，F 为目标函数。针对该问题，本文以观测收益最大作为任务规划的目标，同时考虑任务的唯一性约束与调度不可中断约束，以及卫星资源的固存与能量约束，建立考虑任务合成的多星调度问题的数学模型。

为了方便描述，记合成任务的集合为 $CT=\{CT_1, \cdots, CT_{N_c}\}$，其中第 ci 个合成任务为 CT_{ci}，N_C 为合成任务的总个数。合成任务 CT_{ci} 的时间窗口简记为 CO_{ci}，$CO_{ci,j}=[(cws_{ci,j}, cwe_{ci,j}), cg_{ci,j}]$，其中 CT_{ci} 时间窗口的起始时间与终止时间分别为 $cws_{ci,j}, cwe_{ci,j}$，其观测角度为 $cg_{ci,j}$。

$$\max \sum_{j=1}^{N_S} \sum_{i=1}^{N_T} x_{ij} p_i \tag{5-1}$$

$$\text{s. t.} \sum_{j=1}^{N_S} \sum_{i=1}^{N_T} x_{ij} p_i \tag{5-2}$$

$$cws_{ci,j} \leqslant cwe_{ci,j} \tag{5-3}$$

$$cwe_{ci,j} - cws_{ci,j} \leqslant \Delta t_j \tag{5-4}$$

$$cwe_{ci,j} + \text{trans}(ci, ci+1) \leqslant cwe_{ci+1,j} \tag{5-5}$$

$$\left(\beta \sum_{ci=1}^{N_C} (cwe_{ci,j} - cws_{ci,j}) + \rho \sum_{ci=1}^{N_C-1} |cg_{ci+1,j} - cg_{ci,j}|\right) \widetilde{x}_{ci} \leqslant P_j \tag{5-6}$$

$$\alpha \sum_{ci=1}^{N_C} (cwe_{ci,j} - cws_{ci,j}) \widetilde{x}_{ci} \leqslant M_j \tag{5-7}$$

$$(cwe_{ci,j} - cws_{ci,j}) \widetilde{x}_{ci} = d_{ci,j} \tag{5-8}$$

$$\text{trans}(ci, ci+1) = \frac{|cg_{ci+1,j} - cg_{ci,j}|}{\lambda_j} + Span_j \tag{5-9}$$

式中，x_{ij} 和 $\widetilde{x}_{ci}$ 为决策变量：

$$x_{ij} = \begin{cases} 1, & T_i \text{ 被 } S_j \text{ 观测} \\ 0, & \text{其他} \end{cases} \tag{5-10}$$

$$\tilde{x}_{ci} = \begin{cases} 1, & CT_{ci} \text{ 被观测} \\ 0, & \text{其他} \end{cases} \tag{5-11}$$

$$j = 1, \cdots, N_s, \ i = 1, \cdots, N_T, \ ci = 1, \cdots, N_C \tag{5-12}$$

其中：公式(5-1)表示目标函数卫星的收益，即被观测的元任务收益之和，p_i 为 T_i 的优先级；公式(5-2)表示任务的唯一性约束，每个任务至多被观测一次；公式(5-3)与公式(5-4)表示合成任务的观测时间约束，每个合成任务时间窗口的起始时间不能大于其终止时间，且每个合成任务的观测时段不能超过卫星的最大开机时间；公式(5-5)表示被观测的两个观测活动之间的卫星转换时间的约束，前一观测任务的终止时间加转换时间 trans($ci, ci+1$) 不能超过下一个被观测任务的起始时间。公式(5-6)表示卫星的能量约束；公式(5-7)表示卫星的固存约束；公式(5-8)表示任务的不可间断性约束，$d_{ci,j}$ 为 CT_{ci} 由 S_j 观测的持续观测时间；公式(5-9)表示卫星 S_j 从第 ci 次观测活动到第 $ci+1$ 次观测活动之间的转换时间，$Span_j$ 为 S_j 开机稳定时间；公式(5-10)与公式(5-11)为决策变量。

5.2 基于改进蚁群算法的求解方法

考虑到合成任务多星调度问题的问题特点，选择了改进蚁群算法对合成任务调度阶段进行求解。首先，基于任务合成方法生成合成任务序列；然后，采用改进蚁群算法对合成任务序列进行调度求解。具体简述为：多只人工蚂蚁随机选择一个合成任务作为初始点，依据信息素浓度和一定概率的转移规则选择下一个合成任务，直至形成一条可行路径；利用信息素的正反馈机制进行路径寻优；基于精英解所构造的 Insert-Replace 搜索算子进行局部搜索寻优。下面详细介绍针对成像卫星合成任务调度问题设计的改进蚁群算法。

根据成像卫星合成任务调度问题中每个合成任务的任务需求度来构造信息素矩阵，初始信息素矩阵为：

$$\tau_0(ci, cj) = \frac{CNeed_{ci} + CNeed_{cj}}{2\max(CNeed)} \tag{5-13}$$

式中：$CNeed_{ci} = \sum_{T_i \in CT_{ci}} \dfrac{p_i}{|O_i|}$ 为合成任务 CT_{ci} 的任务需求度，p_i 为元任务 T_i 的优

先级，$|O_i|$ 为 T_i 的可见时间窗口数量；$\max(CNeed)$ 为合成任务序列最大需求度。

初始节点选定后，根据公式 $(5-14)$ 的规则选择它的下一个可观测的合成任务：

$$c_j = \begin{cases} \mathrm{argmax}_{cl \in J_k(ci)} \left\{ \left[\tau_{ci,cl} \right]^\alpha \left[\eta_{ci,cl} \right]^\beta \right\}, & q \leqslant q_0 \\ j, & q > q_0 \end{cases} \qquad (5-14)$$

式中：$\tau_{ci,cl}$ 为边 (ci, cl) 上的信息素浓度；$\eta_{ci,cl}$ 为启发式因子，代表蚂蚁从第 ci 个合成任务转移到第 cl 个合成任务的期望程度；α 为信息素在概率计算中的权重；β 为启发式因子。蚂蚁根据概率公式 $(5-15)$ 选择下一个可行节点，$J_k(ci)$ 为第 k 只蚂蚁访问完第 ci 个合成任务后的后续可访问集合：

$$P(j \mid ci) = \frac{\left[\tau_{ci,j} \right]^\alpha \left[\eta_{ci,j} \right]^\beta}{\sum_{cl \in J_k(ci)} \left[\tau_{ci,j} \right]^\alpha \left[\eta_{ci,j} \right]^\beta} \qquad (5-15)$$

每只蚂蚁在选择完下一个可观测的合成任务 CT_{ci} 后，根据公式 $(5-16)$ 执行边 (ci, cl) 上的信息素更新，ρ_{local} 是局部信息参数，τ_0 为初始信息素浓度。

$$\tau_{ci,cl} \leftarrow \tau_{ci,cl} + \rho_{local}\tau_0 \qquad (5-16)$$

当所有可行路径构建完成后，根据收益值最大的路径进行全局信息素的更新。全局信息素规则为：

$$\tau_{u,v} \leftarrow (1 - \rho_{global}) \tau_{u,v} + \rho_{global}\Delta\tau_{u,v} \qquad (5-17)$$

其中，信息素增量为：

$$\Delta\tau_{u,v} = \begin{cases} \dfrac{Q}{\max(CNeed) + 1 - CNeed_v}, & (u, v) \in S_{best} \\ 0, & \text{其他} \end{cases}$$

式中：S_{best} 为当前最优路径；Q 为全局信息素增量因子；ρ_{global} 为全局信息素挥发系数。

虽然蚁群算法能够快速寻到较优解，但容易陷入局部最优，使得求解精度和收敛效果不佳。为此，基于当前迭代中的精英解进行局部寻优，设计了 Insert-Replace 局部搜索算子，具体算法步骤详见算法 5-1，Insert-Replace 搜索算子示意图如图 5-4 所示。

算法 5-1 Insert-Replace 算子搜索规则

输入：M 个精英解

输出：1 个新解

1：选择当前迭代 M 个精英蚂蚁解，对于每个解依次 Insert-Replace 遍历寻优。

2：随机选择一个精英解中的第 P 个位置处的合成任务，并计算与第 P 个位置的合成任务同轨道的后续可访问集合 J(P)。

3： if J(P) 非空 then

4：　　　在 J(P) 中随机选择一个合成任务作为该解中的第 P+1 个位置处的合成任务，并判断原解 P 位置后的合成任务序列与新加入的之间是否有冲突；若没有，后续任务依次顺延，得到新解；若有，则删除原解中冲突的合成任务，补全解序。

5： else

6：　　　判断不同轨道的可行合成任务集合 allowed 是否为空。

7：　　　 if allowed 非空 then

8：　　　　　在 allowed 中选择一个可行任务安插在 P + 1 位置，补全解序列。

9：　　　 else

10：　　　　　选择一个 P 位置处可替换的可行合成任务进行替换，依次完成冲突判断与新解的生成阶段。

11：　　　 end if

12： end if

13：直至所有精英解都完成 Insert-Replace 局部搜索过程。

　　根据图 5-4 可知，Insert-Replace 搜索算子主要包括三个阶段：选择并加入（替换）可行合成任务、冲突判断和新解生成。在第一阶段中，在目标解中随机选择一个位置 P，计算与第 P 个合成任务相同轨道中的可行任务集合 allowed。若 allowed 非空，随机选择一个合成任务 T_v 插入到 T_P 之后。在冲突判断阶段，判断新插入的任务与目标解 P 位置之后的解序列 T_{P+1}，$\cdots$，T_N 是否存在冲突。若不存在，则直接加入新解的序列；若存在，则删除冲突任务并重新选择新的可行任务插入到当前解的位置，直至完成新解的重构。如果在 $P+1$ 位置处的插入任务不可行，就将 P 位置处的合成任务替换，依次完成冲突判断与新解的生成阶段。

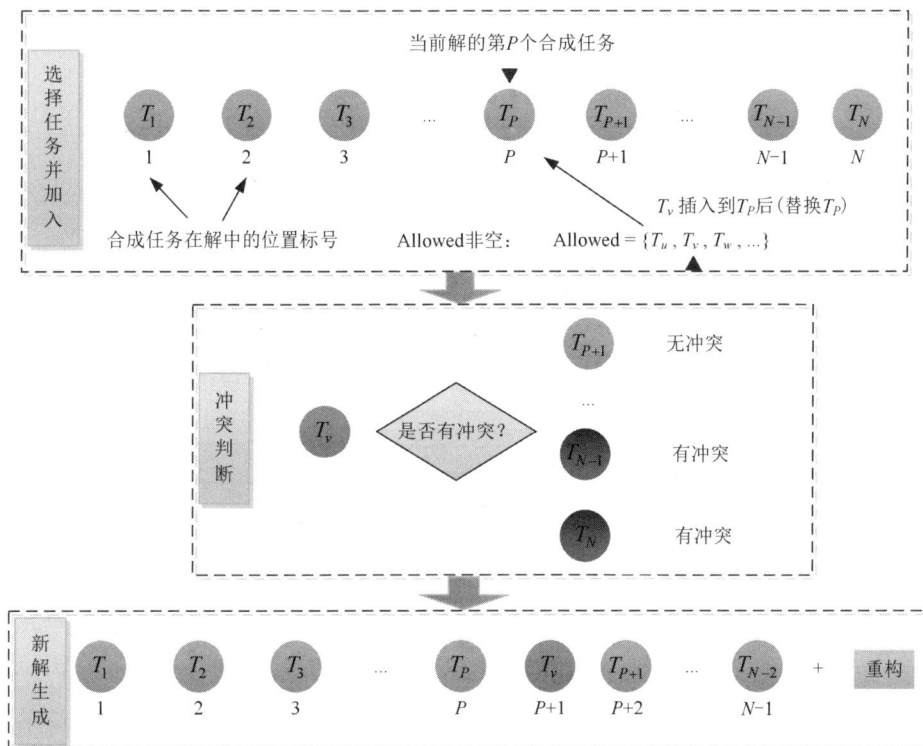

图 5-4　Insert-Replace 搜索算子示意图

5.3　基于 EACO 的共享卫星资源调度案例分析

　　针对共享卫星资源调度问题，首先，证明基于本文所提出的 MS、CG 两种合成方法实现多星任务观测的可适用性与优点；然后，针对合成任务多星调度问题进行了算法实验设计，并通过案例分析与实验证明了两阶段求解算法的适用性与有效性。

　　本章中实验数据采用 Liu 等人在文献[31]中配置生成的算例。任务目标为 2013 年 4 月 20 日 0~24 时中国区域内随机生成的任务，共生成了 21 组算例。算例包含 100~700 个任务，增量步长为 100，观测时间为 5~7 s，卫星数量为

3，卫星视场角度分别为 3°、5° 和 6°，单次开机时间分别为 200 s、150 s 和 180 s，卫星侧摆角范围为 45°，开机稳定时间为 10 s，卫星单轨固存为 200，能量为 150。算例测试的实验环境为 Windows 10 操作系统，在 2.0 GHz CPU、1 GB 内存的计算机上运行，采用 Matlab R2014a 实现编程。

5.3.1　基于任务合成模式的实验效果分析

为了验证基于任务合成模式下多星任务调度的可适用性与优点，在任务合成阶段，选择多选择型模式下的 MS、CG 两种合成方法；在合成任务调度阶段，选择 ACO 算法。实验结果如表 5-1 所示。

表 5-1　ACO 在多选择型模式下不同任务合成方法的任务观测数量

任务数/个	NO	MS	CG	AllCase
100	36	48	39	56
200	46	61	68	82
300	44	76	72	92
400	48	71	81	103
500	51	86	78	111
600	49	95	99	122
700	48	103	96	129

表 5-1 中，NO 表示没有采用任务合成观测方法，即元任务观测模式；MS 表示合成任务阶段采用 MS 合成方法；CG 表示合成任务阶段采用 CG 合成方法；AllCase 表示满足任务合成约束条件下的所有可能的合成任务集合。表 5-1 显示了采用 ACO 算法分别在 NO、MS、CG 与 AllCase 四种任务合成模型下的观测任务数量。

采用任务合成模式的任务观测数量比 NO 情况下的观测数量多。特别是随着待观测区域内任务数量的增加，基于任务合成模式的卫星任务规划观测收益效果更佳。

图 5-5 显示了采用 ACO 算法分别在 NO、MS、CG 与 AllCase 四种任务合成模型下的观测收益值，横坐标表示待观测区域的任务数量，纵坐标表示卫星的

观测收益。整体上 AllCase 的观测收益最佳，因为该方法下列出了所有可能的任务合成集合，但其计算时间很长。基于 MS、CG 任务合成的卫星观测收益明显高于 NO 情况下的。上述实验说明了基于任务合成模式下多星任务调度的有效性。

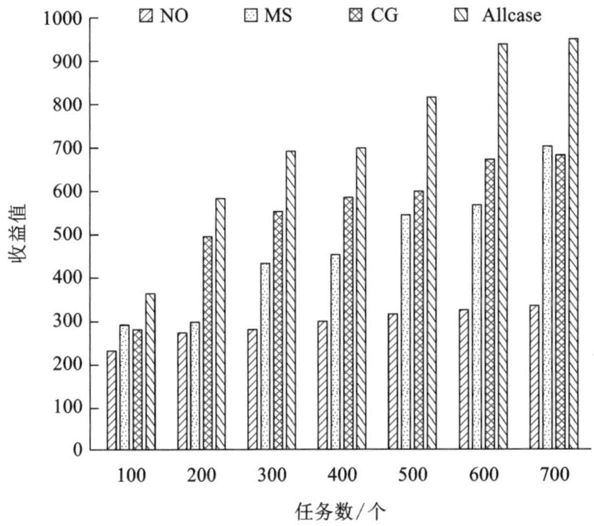

图 5-5　ACO 在多选择型合成模式下不同任务合成方法的观测收益

5.3.2　不同任务合成模式下的 EACO 实验分析

为了验证基于任务合成的 EACO 的有效性，本节将考虑采用 EACO 算法对卫星资源调度问题的两种任务合成模式与三种任务合成方法进行实验分析。其中，两种任务合成模式指唯一型合成模式与多选择型合成模式，三种任务合成方法指 AllCase（满足合成条件所有可能的合成任务集合）、MS 与 CG。

实验数据采用 Liu 等人在文献[31]中配置生成的算例。由于 AllCase 的任务合成生成原理，AllCase 任务合成模式不属于唯一型模式。因此，在唯一型模式下，对 MS、CG 以及不采用合成方法（NO）三种情况进行实验效果对比。在多选择型合成模式下，对 AllCase、MS 和 CG 三种合成方法进行实验效果对比。

1. 唯一型合成模式下 EACO 的实验分析

基于统计分析，设计了 EACO 的算法参数，详见表 5-2。

表 5-2　唯一型合成模式下 EACO 在不同任务数量下的参数设置

任务数/个	m	α	β	Q	ρ	ρ_{local}
100	8	1	2	200	0.35	0.1
200	10	1	2	200	0.35	0.1
300	12	1	2	250	0.3	0.2
400	14	1	2	250	0.3	0.2
500	15	1	2	300	0.25	0.2
600	16	1	2	400	0.25	0.2
700	17	1	2	450	0.25	0.2

为验证当卫星资源紧张情形下的实验效果，在唯一型合成模式下选择了仅有 1 颗卫星的情形。图 5-6 展示了采用 1 颗观测卫星对任务数从 100 个至 700 个的任务调度问题分别基于 MS、CG 与 NO 下的最优收益比较。

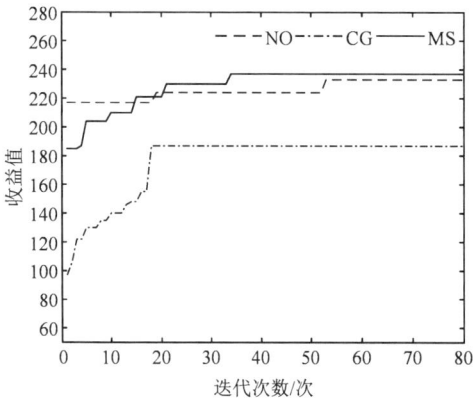

(a) 任务数为100个

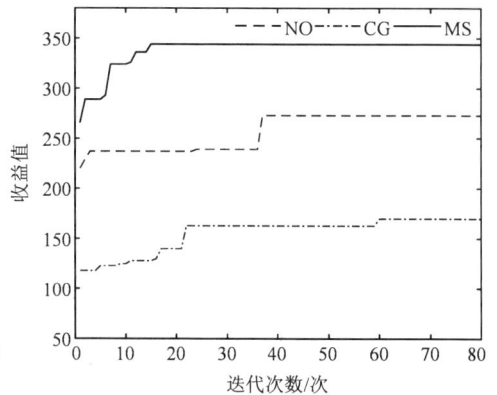

(b) 任务数为200个

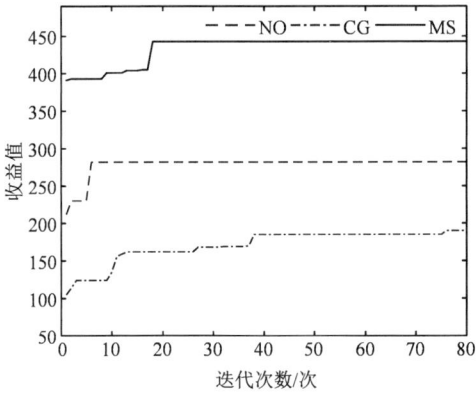

(c) 任务数为300个

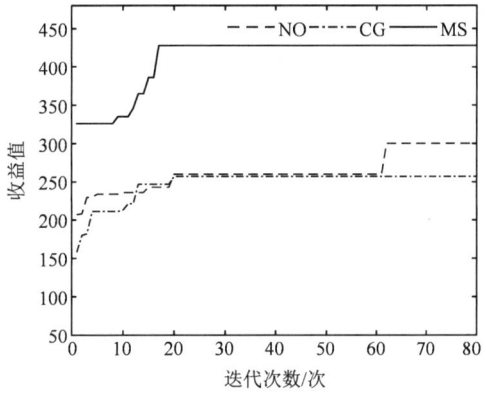

(d) 任务数为400个

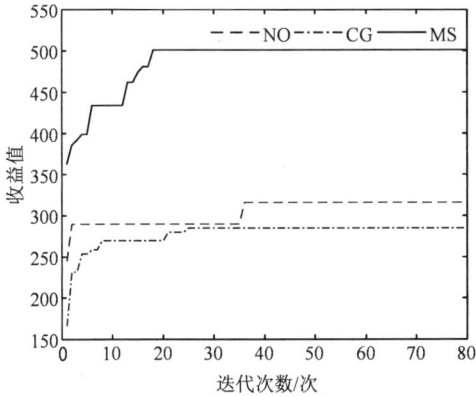

(e) 任务数为500个

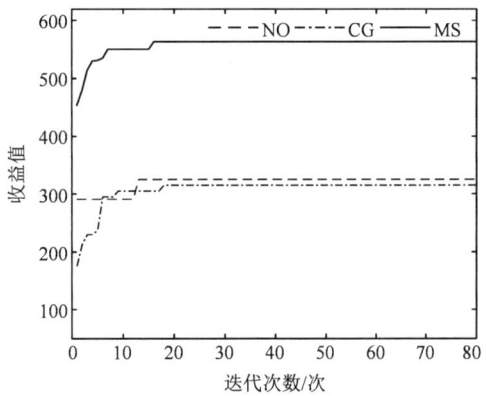

(f) 任务数为600个

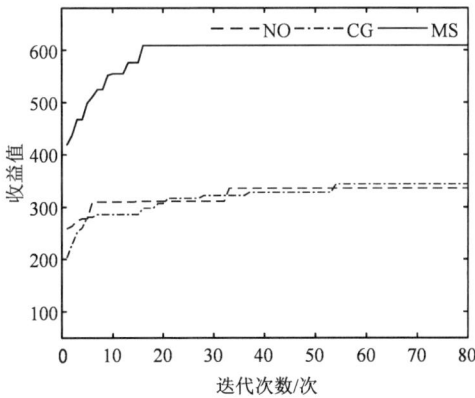

(g) 任务数为700个

图 5-6　EACO 在唯一型合成模式下不同任务合成方法的观测收益 (卫星数 1)

当卫星资源相对紧张时，唯一型合成模式下基于 MS 任务合成方法的卫星观测收益最高，其次是不采用任务合成方法的收益，观测收益最低的为基于 CG 任务合成模式的。当待观测区域内的任务数量增大到 700 时，基于 CG 任务合成的卫星观测收益开始优于 NO 情形下的。通过实验分析可知，当卫星资源较稀有时，基于密度聚类的 MS 任务合成方法表现较好，可以在较大程度上通过消减原任务间的冲突获取更大的观测收益。

图 5-7 展示了唯一型合成模式下 EACO 求解卫星调度问题时，分别采用 NO、MS、CG 三种任务合成方法对应的算法求解时间。采用 MS、CG 任务合成方法的算法求解时间较短，尤其是当卫星数量增加，即问题规模越复杂时，基于任务合成方法的算法求解时间对比更明显。卫星数为 3 颗时，NO 模式下对应的求解时间增长较高，在任务数为 700 个时达到了 200 s，而 MS、CG 算法求解时间不超过 15 s，反应非常迅速。整体上，基于 MS 求解算法的求解时间最优，不仅增加了观测收益，而且加快了算法的响应速度。

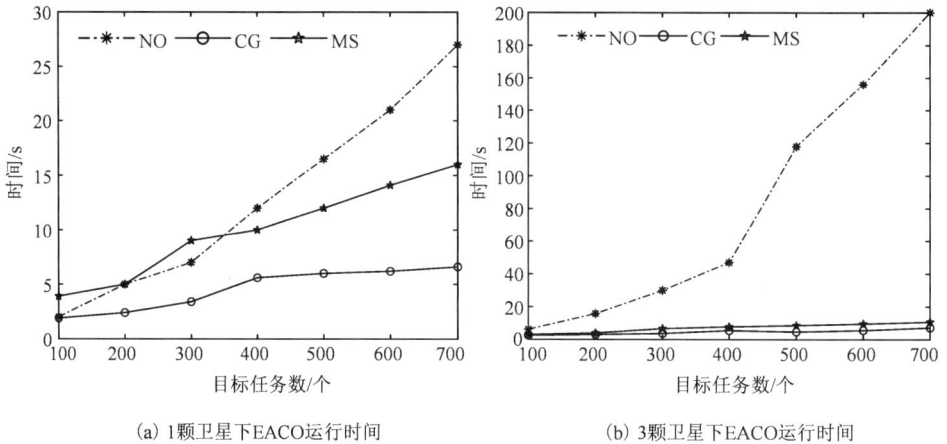

(a) 1 颗卫星下 EACO 运行时间　　　　　　　(b) 3 颗卫星下 EACO 运行时间

图 5-7　唯一型合成模式下 EACO 运行时间

2. 多选择型合成模式下 EACO 的实验分析

基于统计分析，设计了 EACO 在任务数为 100~700 个时，分别在 MS、CG 与 AllCase 三种任务合成方法下的参数设置，如表 5-3 所示。

表 5-3　多选择型合成模式下 EACO 在不同任务数下的参数设置

任务数/个	合成方法	卫星数/颗	m	Q	ρ	ρ_{local}
100	MS/CG	1	12/12	200	0.35	0.1
		3	12/16	200	0.35	0.15
	AllCase	1	12	200	0.35	0.2
		3	25	200	0.35	0.2
200	MS/CG	1	12/14	250	0.3	0.1
		3	15/20	250	0.3	0.15
	AllCase	1	22	250	0.3	0.2
		3	42	250	0.3	0.2
300	MS/CG	1	17/21	300	0.25	0.1
		3	17/30	300	0.25	0.15
	AllCase	1	31	400	0.2	0.2
		3	58	400	0.2	0.2
400	MS/CG	1	22/28	450	0.25	0.1
		3	22/46	450	0.25	0.15
	AllCase	1	38	450	0.2	0.2
		3	72	450	0.2	0.2
500	MS/CG	1	26/36	450	0.25	0.1
		3	26/60	450	0.25	0.15
	AllCase	1	46	450	0.2	0.15
600	MS/CG	1	30/41	450	0.25	0.1
		3	30/70	450	0.25	0.15
	AllCase	1	52	450	0.2	0.15
700	MS/CG	1	33/49	450	0.25	0.1
		3	33/80	450	0.25	0.15
	AllCase	1	59	450	0.2	0.15

在多选择型合成模式下，图 5-8 展示了采用 1 颗观测卫星对任务数从 100 个至 700 个的任务调度问题，分别基于 AllCase、MS 与 CG 下的最优收益比较。整体上，AllCase 合成模式下的 EACO 收益最高，其次是 CG，最后是 MS。由于 AllCase 为在满足任务合成条件下的所有可能情况，因此该模式下解空间多样性最好，能够探索到更好的解。在多选择型合成模式下，基于任务合成方法获取的解空间多样性对解的寻优过程影响极大。

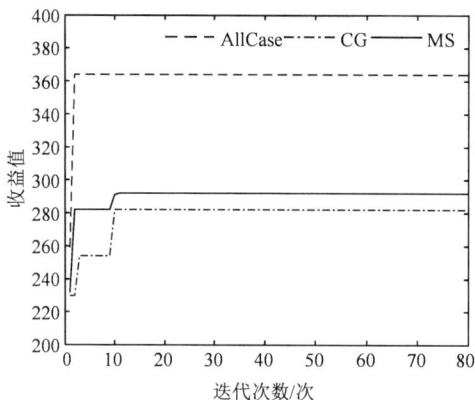

(a) 任务数为100个

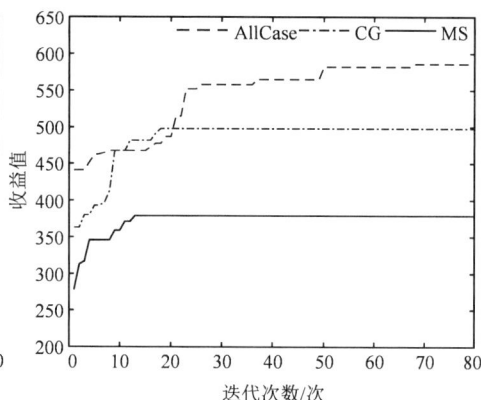

(b) 任务数为200个

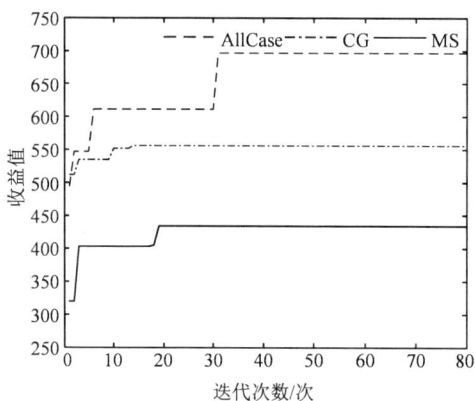

(c) 任务数为300个

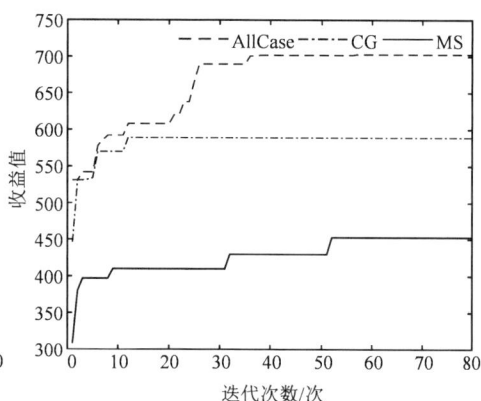

(d) 任务数为400个

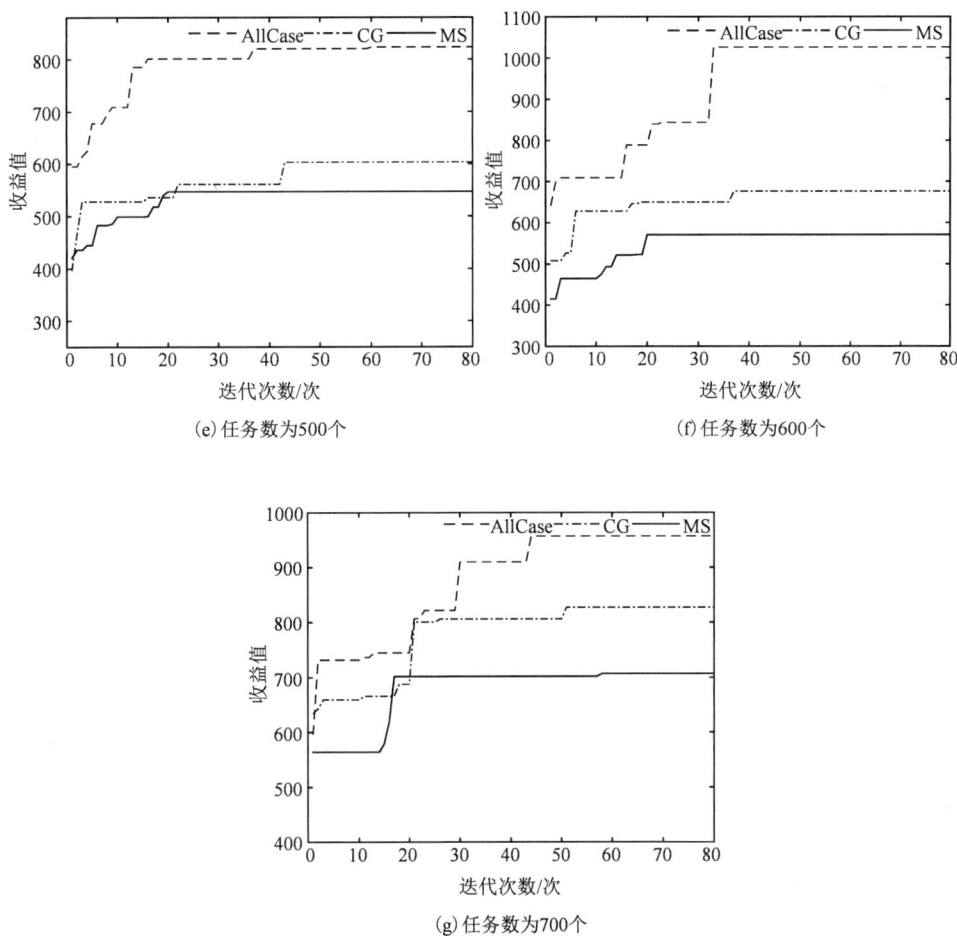

(e) 任务数为500个

(f) 任务数为600个

(g) 任务数为700个

图 5-8　EACO 在多选择型合成模式下不同任务合成方法的观测收益

表 5-4 展示了在卫星数为 1 颗时，多选择型模式下基于 MS、CG 与 AllCase 任务合成方法与不采用任务合成方法的观测收益值比较。其中，more-MS 代表多选择型合成模式下基于 MS 的合成情况，more-CG 代表多选择型合成模式下基于 CG 的合成情况，Task 一栏代表观测到的元任务数量，Val 一栏代表观测的当前最优收益值，IMP 一栏代表与 NO 相比当前最优观测收益值的提升率。

表5-4　不同合成方式下的观测收益比较

方法	NO		more-MS			more-CG			AllCase		
任务数/个	Task	Val	Task	Val	IMP/%	Task	Val	IMP/%	Task	Val	IMP/%
100	36	233	48	292	25	39	282	21	56	364	56
200	46	273	61	299	9	68	498	82	82	586	114
300	44	282	76	434	53	72	556	97	92	697	147
400	48	300	71	453	51	81	589	96	103	703	134
500	51	316	86	547	73	78	603	90	111	823	160
600	49	325	95	571	75	99	676	108	122	945	190
700	48	336	103	707	110	96	688	104	129	957	180

图5-9展示了在多选择型合成模式下，EACO求解卫星调度问题时，分别采用AllCase、MS、CG三种任务合成方法对应的算法求解时间。整体上，采用MS、CG任务合成方法的算法求解效率较高。随着任务数的增加，AllCase模式下的求解时间急剧增加，而基于MS、CG两种任务合成方法的时间增值较小。例如，卫星数为1颗时，任务数达到700个，AllCase对应的算法求解时间超过了1700 s，CG对应的算法求解时间不超过400 s，MS对应的算法求解时间不超过200 s。

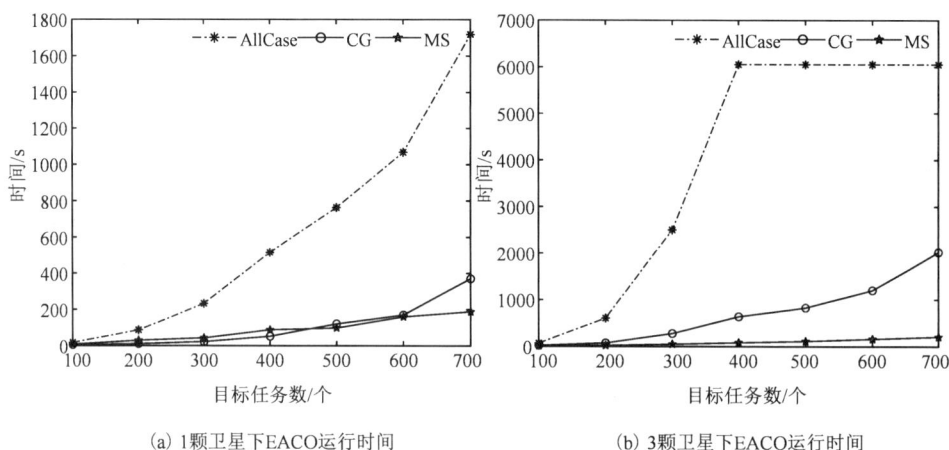

(a) 1颗卫星下EACO运行时间　　　　(b) 3颗卫星下EACO运行时间

图5-9　多选择型合成模式下EACO运行时间

卫星数为 3 颗时，AllCase 模式下对应的求解时间增长较高，在任务数 400 个时已经达到了 6000 s；任务数增加到 700 个时，CG 对应的算法求解时间为 2000 s 左右，MS 对应的算法求解时间为 200 s 左右。虽然 AllCase 模式下卫星观测收益值最好，但此种模式下的求解时间代价是比较昂贵的。

通过对比发现，CG 在唯一型合成模式下对应的算法求解效果劣于 MS 的，但 CG 在多选择型合成模式下对应的算法求解效果优于 MS 的，但对应的算法求解时间高于 MS 的。因为基于 CG 任务合成方法是基于规则的合成方法，在多选择型合成模式下，其解空间的多样性要远大于 MS 的。

为了验证本文算法的稳定性，分别对基于任务合成方法（MS、CG）下的 EACO 最优值、平均值、求解时间的方差进行分析。表 5-5 描述了几个描述统计数的方差，迭代次数定义为 100 次。表 5-5 中的方差数包含了任务合成与合成任务求解两个阶段，故方差值要比单个阶段的大。从表 5-5 中发现，在多选择型合成模式下 MS、CG 对应的算法求解效果都比较稳定。

表 5-5　连续 10 次实验 EACO 关于最优值、平均值、求解时间的方差分析

任务合成方法	方差	任务数/个						
		100	200	300	400	500	600	700
MS	σ^2_{best}	11.19	21.48	31.47	20.48	25.55	35.36	37.22
	σ^2_{mean}	7.93	10.72	8.74	20.00	16.25	29.25	20.56
	σ^2_{time}	0.80	1.43	2.52	3.78	3.48	9.22	11.95
CG	σ^2_{best}	17.21	17.27	26.00	31.18	30.50	35.11	43.65
	σ^2_{mean}	10.86	15.83	28.79	36.24	38.11	27.38	43.11
	σ^2_{time}	0.52	1.34	3.66	4.76	9.00	19.76	6.92

5.4　基于改进烟花算法的求解方法

5.4.1　改进烟花算法

考虑到合成任务多星调度问题的问题特点，选择了改进烟花算法对合成任

务调度阶段进行求解。合成任务多星调度问题属于离散的组合优化问题，而传统烟花算法适用于求解连续解空间的优化问题。合成任务多星调度问题的解空间较大，任务与卫星的组合较多，能够同时兼顾全局搜索与局部搜索是非常重要的。烟花算法是一种同时兼顾局部与全局搜索的搜索算法。因此，基于烟花算法思想，设计了针对多星合成任务调度的改进烟花算法。

改进烟花算法包括种群初始化、爆炸算子、变异算子、映射规则和种群干扰选择策略。

1. 种群初始化

设定种群数量 N，用贪婪算法生成 N 个初始种子烟花 $S = \{S_1, S_2, \cdots, S_N\}$。

2. 爆炸算子

爆炸算子用于为种子烟花生成子代，决定了算法寻优的位置和方向。爆炸算子包括爆炸幅度、爆炸强度和位移操作。爆炸幅度是爆炸算子中的一个重要组成部分，它可以控制算法搜索步长的大小。如果在最优值附近设置了较大的爆炸幅度，子代的位置可能直接跳过最优值的位置，从而无法搜索到最优解。在烟花算法中，通过火花的适应值函数来引导爆炸幅度的大小。烟花算法的爆炸幅度为：

$$A_i = \hat{A} \cdot \frac{f(x_i) - Y_{\min} + \varepsilon}{\sum\limits_{i=1}^{N} \left[f(x_i) - Y_{\min} \right] + \varepsilon} \tag{5-18}$$

式中：A_i 为第 i 个种子烟花的爆炸幅度；$\hat{A}$ 为控制烟花爆炸幅度的常数；$Y_{\min}$ 为当前种群中最好子代的适应度值。

确定烟花爆炸幅度后，通过控制火花位移丰富种群多样性，烟花在第 k 维度上的位移由公式(5-19)确定：

$$\Delta x_i^k = x_i^k + \mathrm{rand}(0, A_i) \tag{5-19}$$

式中：x_i^k 为第 i 个种子烟花在第 k 个维度上的值；$\mathrm{rand}(0, A_i)$ 为在 A_i 内生成的均匀随机数。

确定子代的爆炸幅度后，子代数量由爆炸强度确定：

$$\hat{S}_i = m \cdot \frac{Y_{\max} - f(x_i) + \varepsilon}{\sum\limits_{i=1}^{N} \left[Y_{\max} - f(x_i) \right] + \varepsilon} \tag{5-20}$$

式中：$\hat{S}_i$ 为第 i 个种子烟花产生的火花个数；m 为常数，用来限制每个种子烟花在爆炸过程产生的火花个数；Y_{max} 为当前种群中最差个体的适用度值；$f(x_i)$ 为个体 x_i 的适应度值；ε 为一个极小的控制常量，防止当分母等于 0 时计算机不能工作的特殊情况。

为了将子代产生的火花控制在有效的范围内，每个种子烟花最终产生的火花个数 $\hat{S}_i$ 为：

$$\hat{S}_i = \begin{cases} \text{round}(am), & S < am \\ \text{round}(bm), & S > bm \\ \text{round}(S_i), & 其他 \end{cases} \qquad (5-21)$$

式中：参数 a，b 为给定的常数，控制产生的火花个数；round( ) 为取整函数。

3. 变异算子

为了提高种群的多样性，通过高斯变异来产生变异火花。高斯变异过程为：在烟花种群中随机选取一个种子烟花，在该烟花的随机维度上进行变异。如第 i 个种子烟花的高斯变异通过公式(5-22)确定：

$$x_i^k = x_i^k g \qquad (5-22)$$

式中：g 为服从均值、方差都为 1 的高斯分布随机数。

4. 映射规则

如果烟花在爆炸过程或高斯变异过程中产生的子代烟花超出了解的可行域，那么需要通过映射规则将扩散出可行域的烟花拉回可行域中。以此保证通过爆炸过程、高斯变异过程产生的新的子代都在可行域中。映射规则如下：

$$x_i^k = x_{min} + | x_i^k | \% (x_{max} - x_{min})$$

5. 种群干扰选择策略

当下一代方案不断优化时，我们选择最好的一个子代作为种子烟花。但是，当多代搜索都没有找到更好的解决方案时，应该考虑一个合适的策略来对烟花种群进行一些较大的改变。我们采用群体干扰策略，获得新的烟花，并进行后续搜索。如果达到多代无效搜索，将引发种群扰动，种群中表现最差的烟花将被随机生成的新个体取代。这样，种群将经历更大的爆炸和突变变化，增加了找到更好解的可能性。

5.4.2 基于 EFWA 的子代生成

合成任务多星调度问题的目标为获取待观测区域内的最大观测收益，故 EFWA 下的适应度函数为：

$$f(x_i) = \frac{M}{\mathrm{val}(x_i)}$$

式中：M 为一个大于最大收益值的正整数；$\mathrm{val}(x_i)$ 为可行解 x_i 的观测收益值。

确定适应度函数后，针对每一个种子烟花，需通过确定"可行子代集合→子代各维度转移量→生成子代→丰富种群多样性"的序列来确定下一代的子代烟花。

1. 可行子代集合

设第 i 个烟花所对应的解为 $T^i = \{T^i_1, T^i_l, \cdots, T^i_{ni}\}$，$l \leqslant n_i$，$T^i_l$ 为可行观测序列 T^i 中的第 l 个合成任务，其时间窗信息为 $[<ws^i_l, we^i_l>, g^i_l]$。对于可行观测序列 T^i 中的任一个合成任务 T^i_l，都对应着各自的所属卫星信息与时间窗信息。通过计算 T^i 每一个维度上可转移的合成任务集合来实现种子烟花 i 的位移操作。T^i_l 可转移合成任务集合中的元素 T_u 需满足以下约束条件：

（1）转换时间约束：合成任务 T_u 需要同时满足与 T^i_{l-1}，T^i_{l+1} 之间的转换时间约束，$we^i_{l-1} + \mathrm{trans}(l-1, u) \leqslant ws_u$ 且 $we_u + \mathrm{trans}(u, l+1) \leqslant ws^i_{l+1}$。

（2）任务的唯一性约束：合成任务 T_u 所包含的元任务不能与除 T^i_l 外的可行观测集合 T^i 中包含的元任务重复。

（3）能量与固存约束：若添加 T_u，需满足所属轨道上的固存约束与能量约束。

2. 子代各维度转移量

种子烟花各个维度上的可行子代集合确定后，通过其爆炸幅度 A_i 获取第 k 个维度转移量 $\mathrm{trans}^k_i = \mathrm{unidrnd}(A_i)$，其中，$\mathrm{unidrnd}(A_i)$ 表示在幅度 A_i 内生成的随机整数。对 trans^k_i 设定的映射规则为：

$$\mathrm{trans}_i^k = \begin{cases} \mathrm{trans}_i^k, & \mathrm{trans}_i^k < l \\ l, & \text{others} \end{cases}$$

式中：l 为 $\mathrm{Shiftset}^k$ 中包含元素的大小，$\mathrm{Shiftset}^k$ 为第 i 个种子烟花第 k 个维度的可转移集合。

种子烟花的位移示意图如图 5-10 所示。随机选择父代烟花的第 k 个维度（$k=3$），计算该位置处的可转移集合 $\mathrm{Shiftset}^k$ 与转移量 trans_i^k（如 $\mathrm{trans}_i^k=2$ 时），即选择任务 T_v，将 T_3 与 T_v 交换，得到新的子代烟花。

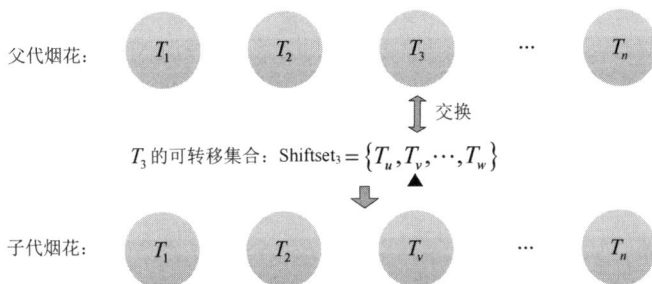

图 5-10　父代烟花的位移示意图

3. 生成子代

确定种子烟花生成子代的可行子代集合与子代各维度转移量后，可以在其各生成维度上生成子代烟花。算法 5-2 为种子烟花 *Seeds* 生成子代烟花的算法伪代码。

算法 5-2　SonsGeneration 算法

输入：种子烟花 Seeds

输出：子代烟花 SonsGeneration

1: for i = 1：$|\mathrm{Seeds}|_{\mathrm{num}}$ do

2：　　　for j = 1：$\mathrm{Sons}_{\mathrm{num}}(i)$ do

3：　　　　　for k = 1：rand_m do

4：　　　　　　　dimen = rand(1, length(Seed(i)))

5：　　　　　　　SonsGeneration ←$\mathrm{Seeds}^k(i)$ + rand(0, Ai(m))

6：　　　　　end for

7：　　　end for

8：end for

其中：|Seeds|为种子烟花数量，$Sons_{num}$为第i个种子烟花$Seeds(i)$的爆炸强度，$rand_m$为随机在第m个维度上的转移次数。SonsGeneration算法流程如下：首先选择一个种子烟花$Seeds(i)$，根据$Seeds(i)$的爆炸强度$Sons_{num}(i)$与火花数决定生成多少个子代烟花，然后随机选择转移次数$rand_m$，在每次转移过程中，随机选择种子烟花$Seeds(i)$的一个维度m进行位移，产生新的个体解。

4. 高斯变异

为了丰富样本空间多样性，对生成的子代进行高斯变异，生成多样化的子代。高斯变异过程与爆炸过程中子代生成的本质区别在于高斯变异在第i个种子烟花第k个维度上的"改变"，即位移量不同。高斯变异的随机整数g为：

$$g \sim N(\tilde{m}, 1) \tag{5-23}$$

式中：g为随机正整数，$\tilde{m}$为$Shiftset^k$内元素个数的一半。对g设定的映射规则为：

$$g = \begin{cases} g, & g < l \\ l, & others \end{cases} \tag{5-24}$$

式中：l为$Shiftset^k$中包含元素的大小。

5.5　基于FWA的共享卫星资源调度案例分析

5.5.1　基于任务合成模式的实验效果分析

为了验证基于任务合成模式下多星任务调度的可适用性与优点，在任务合成阶段选择多选型模式下的MS、CG两种合成方法；在合成任务调度阶段，选择FWA算法。实验结果如表5-6所示。

其中，NO表示没有采用任务合成观测方法，即元任务观测模式；MS表示合成任务阶段采用MS合成方法；CG表示合成任务阶段采用CG合成方法；AllCase表示满足任务合成约束条件下的所有可能的合成任务集合。表5-6显示了采用FWA算法分别在NO、MS、CG与AllCase四种任务合成模型下的观测任务数量。

表 5-6　FWA 在多选择型模式下不同任务合成方法的任务观测数量

任务数/个	NO	MS	CG	AllCase
100	31	39	42	54
200	43	57	62	93
300	44	79	85	117
400	43	93	119	176
500	46	121	149	154
600	53	106	166	217
700	52	130	174	280

采用任务合成模式的任务观测数量比 NO 情况下的观测数量多。特别是随着待观测区域内任务数量的增加，基于任务合成模式的卫星任务规划观测收益效果更佳。

图 5-11 显示了采用 FWA 算法分别在 NO、MS、CG、AllCase 四种任务合成模型下的观测收益值，横坐标表示待观测区域的任务数量，纵坐标表示卫星的

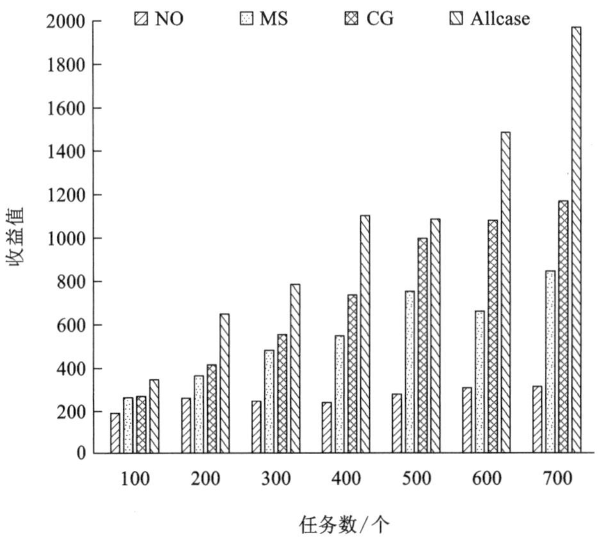

图 5-11　FWA 在多选择型合成模式下不同任务合成方法的观测收益

观测收益。整体上 AllCase 的观测收益最佳，因为该方法下列出了所有可能的任务合成集合，但其计算时间很长。基于 MS、CG 任务合成的卫星观测收益明显高于 NO 情况下的。上述实验说明了基于任务合成模式下多星任务调度的有效性。

5.5.2 EFWA 算法实验效果分析

为了验证基于任务合成的 EFWA 的有效性，本节将考虑采用 EFWA 算法对卫星资源调度问题的两种任务合成模式与三种任务合成方法进行实验分析。其中，两种任务合成模式同样指唯一型合成模式与多选择型合成模式，三种任务合成方法指 AllCase、MS 合成方法与 CG 合成方法。

实验数据同样采用 LIU 等人在文献[31]中配置生成的算例。在唯一型合成模式下，对 MS、CG 以及不采用合成方法(NO)三种合成方法进行实验效果对比。在多选择型合成模式下，对 AllCase、MS 和 CG 三种合成方法进行实验效果对比。

1. 唯一型合成模式下 EACO 的实验分析

基于统计分析，给出 EFWA 在任务数量分别为 $100 \sim 700$ 时在观测卫星数分别为 1、3 时的参数，详见表 5-7。

为验证当卫星资源紧张情形下的实验效果，在唯一型合成模式下选择了仅有 1 颗卫星的情形。图 5-12 展示了采用 1 颗观测卫星对任务数从 $100 \sim 700$ 个的任务调度问题分别基于 MS、CG 与 NO 的最优收益比较。

表 5-7　唯一型合成模式下 EFWA 在不同任务数量下的参数设置

卫星数/颗	任务数/个	问题规模	种子数	火花系数	火花范围
	100	75	15	50	[2, 40]
	200	139	15	50	[2, 40]
	300	186	20	50	[2, 40]
1	400	218	20	50	[2, 40]
	500	241	20	50	[2, 40]
	600	260	25	50	[2, 40]
	700	304	25	50	[2, 40]

续表5-7

卫星数/颗	任务数/个	问题规模	种子数	火花系数	火花范围
	100	75	15	50	[2, 40]
	200	135	15	50	[2, 40]
	300	187	15	50	[2, 40]
3	400	218	20	50	[2, 40]
	500	241	20	50	[2, 40]
	600	267	25	50	[2, 40]
	700	312	25	50	[2, 40]

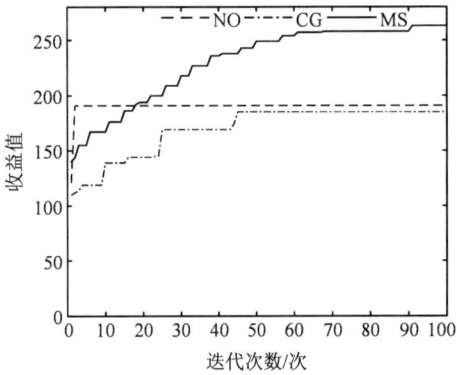

(a) 任务数为100个

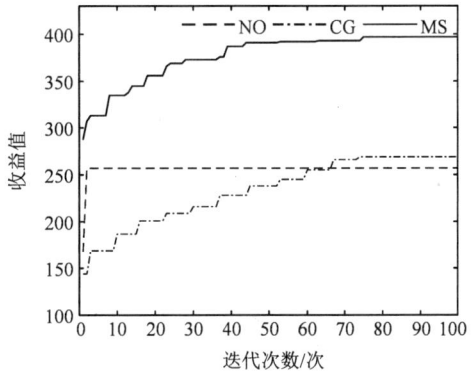

(b) 任务数为200个

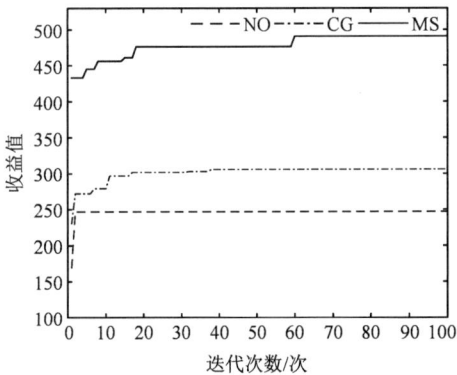

(c) 任务数为300个

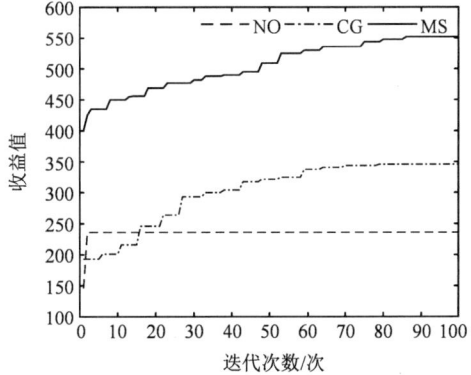

(d) 任务数为400个

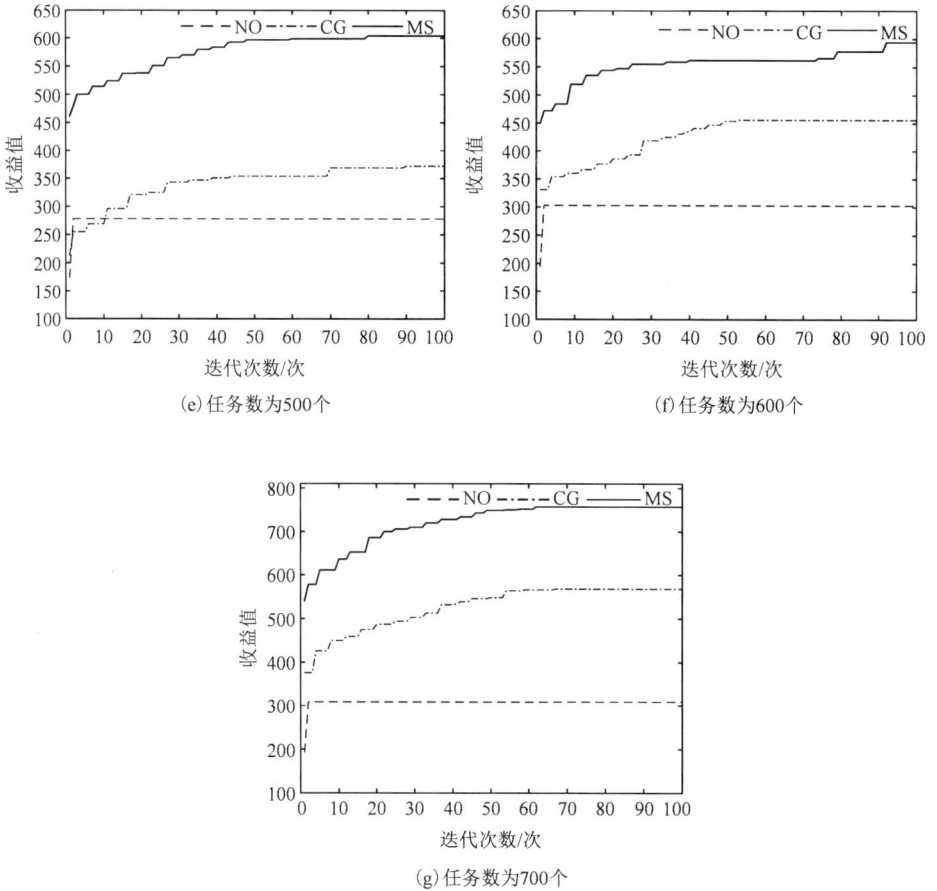

(e) 任务数为500个

(f) 任务数为600个

(g) 任务数为700个

图 5-12　EFWA 在唯一型合成模式下不同任务合成方法的观测收益(卫星数 1)

图 5-12 展示了卫星资源相对紧张时，EFWA 在唯一型合成模式下不同任务合成方法的观测收益，唯一型合成模式下基于 MS 任务合成方法的卫星观测收益最高。当任务数大于 200 个时，基于 CG 任务合成模式的卫星观测收益高于 NO 下的观测收益。通过实验分析可知，当卫星资源较稀有时，基于密度聚类的 MS 任务合成方法表现较好。

图 5-13 展示了卫星资源增加时，EFWA 在唯一型合成模式下不同任务合成方法的观测收益，基于任务合成模式下的卫星观测优势不明显。虽然通过任务合成模式可以消减任务之间的冲突，但随着任务观测机会的增加，原本"冲

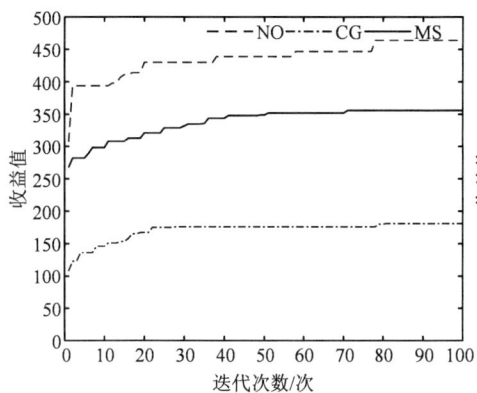

(a) 任务数为100个

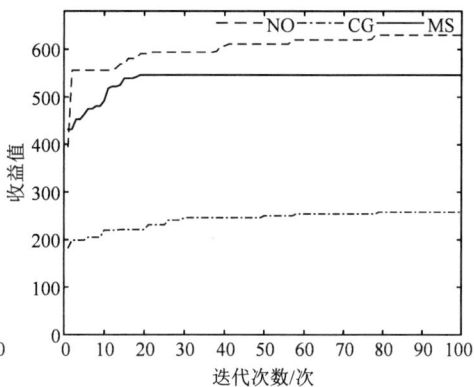

(b) 任务数为200个

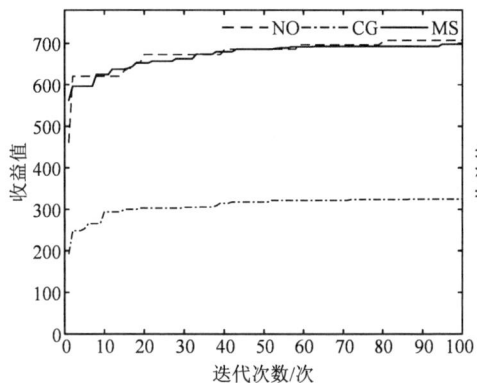

(c) 任务数为300个

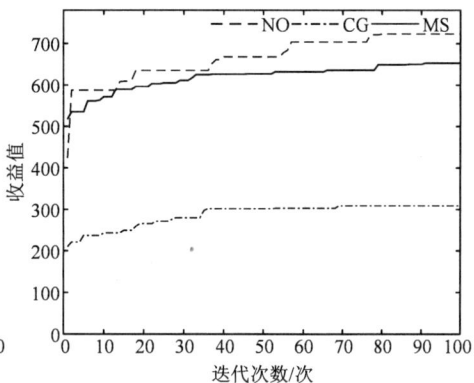

(d) 任务数为400个

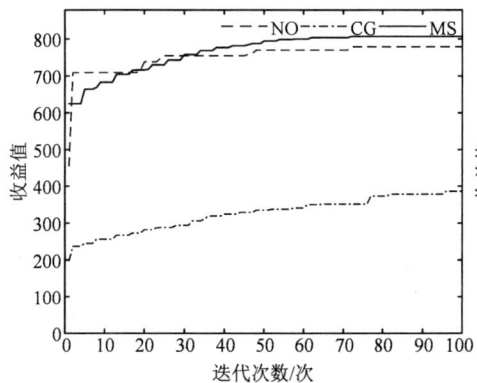

(e) 任务数为500个

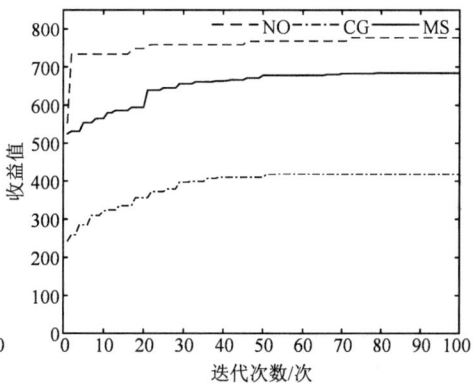

(f) 任务数为600个

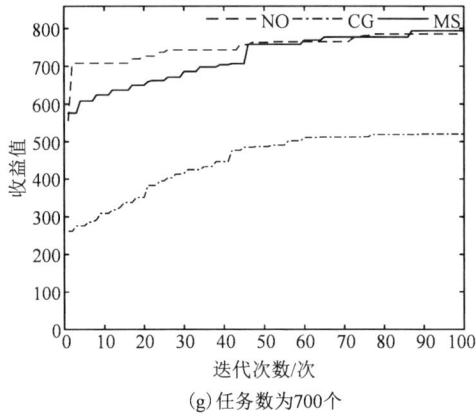

(g) 任务数为700个

图 5-13 EFWA 在唯一型合成模式下不同任务合成方法的观测收益(卫星数 3)

突"的任务已经不需要通过"冲突消减"就可以被观测。唯一型合成模式下的合成任务解空间多样性较差,故使得基于任务合成模式下的卫星观测收益增益效果不好。

图 5-14 展示了唯一型合成模式下 EFWA 求解卫星调度问题时分别采用 NO、MS、CG 三种任务合成方法对应的算法求解时间。基于 MS、CG 任务合成

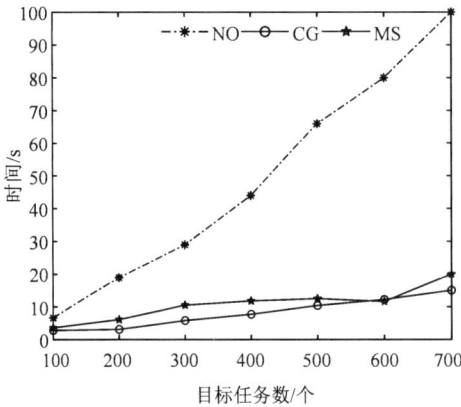

(a) 1颗卫星下EFWA运行时间

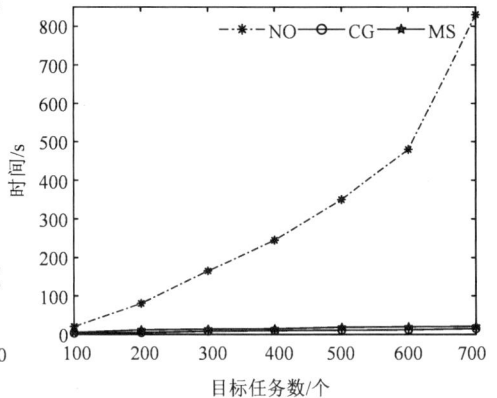

(b) 3颗卫星下EFWA运行时间

图 5-14 唯一型合成模式下 EFWA 运行时间

方法的算法运行时间较短，尤其是当卫星数量增加，即问题规模越复杂时，基于任务合成方法的算法求解时间表现更优。卫星资源增加时，NO 模式下对应的求解时间增长较高，在任务数为 700 个时达到了 830 s，而 MS、CG 算法求解时间不超过 20 s，反应非常迅速。

在资源紧张时，基于 MS 求解效果与算法求解时间都优于 NO 情形下，不仅增加了观测收益，而且加快了算法的响应速度。

2. 多选择型合成模式下 EFWA 的实验分析

基于统计分析，设计了多选择型合成模式 EFWA 在任务数为 100~700 个时，分别在 MS、CG 与 AllCase 三种任务合成方法下的参数设置，如表 5-8 所示。

表 5-8   基于 CG/MS/AllCase 合成方法的参数设置

卫星数/颗	任务数/个	问题规模	种子数	火花系数	火花范围
1	100	94/118/370	20/20/20	50	[2, 40]
	200	185/263/1043	20/25/30	50	[2, 40]
	300	261/421/1932	20/30/40	50	[2, 40]
	400	337/651/3042	20/35/50	50	[2, 40]
	500	414/911/4329	20/35/60	50	[2, 40]
	600	448/1167/5585	30/40/70	50	[2, 40]
	700	533/1392/7029	30/45/80	50	[2, 40]
3	100	97/121/1307	20/20/65	50	[2, 40]
	200	191/270/6308	20/25/70	50	[2, 40]
	300	275/442/6769	20/30/75	50	[2, 40]
	400	360/676/10508	20/40/80	50	[2, 40]
	500	453/940/14568	30/45/85	50	[2, 40]
	600	519/1170/18432	35/50/90	50	[2, 40]
	700	613/1404/22907	40/55/95	50	[2, 40]

在多选择型合成模式下，图 5-15 展示了采用 1 颗观测卫星对任务数从 100~700 个的任务调度问题分别基于 AllCase、MS 与 CG 下的最优收益比较。

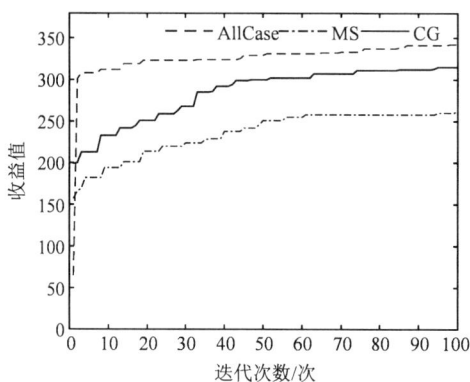

(a) 任务数为100个

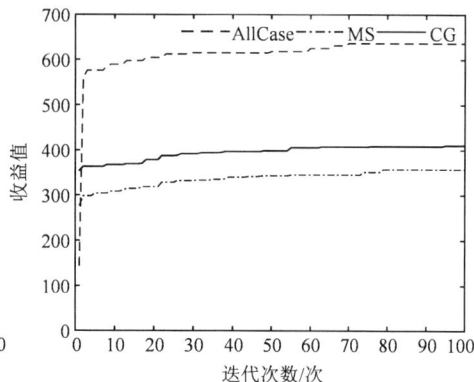

(b) 任务数为200个

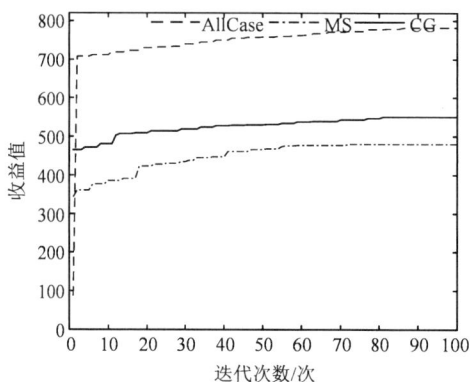

(c) 任务数为300个

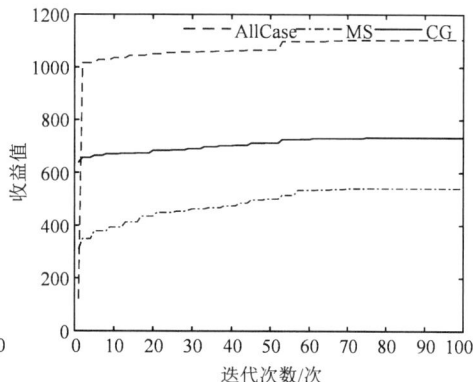

(d) 任务数为400个

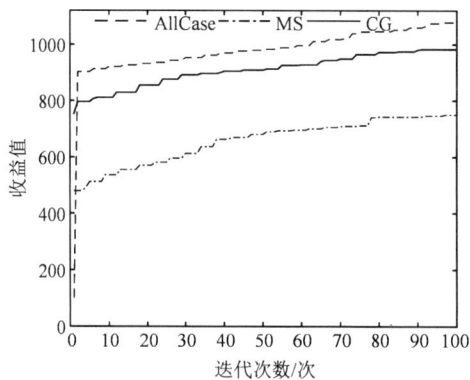

(e) 任务数为500个

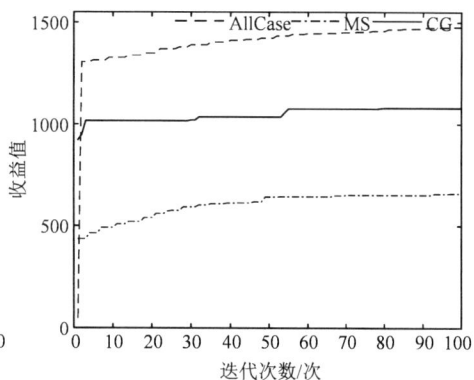

(f) 任务数为600个

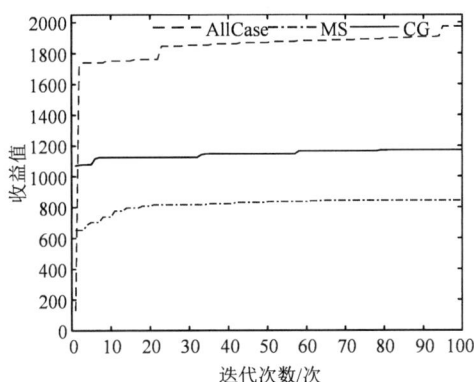

(g) 任务数为700个

图 5-15　EFWA 在多选择型合成模式下不同任务合成方法的观测收益 (卫星数 1)

表 5-9 展示了在卫星数为 1 时，多选择型模式下基于 MS、CG 与 AllCase 任务合成方法与不采用任务合成方法在 EFWA 算法下的观测收益值比较。其中，more-MS 代表多选择型合成模式下基于 MS 的合成情况，more-CG 代表多选择型合成模式下基于 CG 的合成情况，Task 一栏代表观测到的元任务数量，Val 一栏代表观测的当前最优收益值，IMP 一栏代表与 NO 相比当前最优观测收益值的提升率。

表 5-9　EFWA 不同合成方式下的观测收益比较

方法	NO		more-MS			more-CG			AllCase		
任务数/个	Task	Val	Task	Val	IMP/%	Task	Val	IMP/%	Task	Val	IMP/%
100	31	191	39	263	37	42	263	37	54	342	69
200	43	257	57	357	38	62	411	60	93	644	150
300	44	247	79	480	94	85	550	122	117	782	216
400	43	236	93	546	131	119	733	210	176	1105	368
500	46	278	121	751	170	149	996	258	154	1087	290
600	53	303	106	658	117	166	1079	256	217	1478	387
700	52	309	130	843	172	174	1172	279	280	1974	530

AllCase 合成模式下的 EFWA 收益最高，其次是 CG，最后是 MS。由于 AllCase 为在满足任务合成条件下的所有可能，故该模式下解空间多样性最好，能探索到更好的解。在多选择型合成模式下，基于任务合成方法的解空间多样性对解寻优过程影响极大。

与唯一型合成模式相比，多选择型合成模式增加了解空间的多样性，可以使算法获得更优的解。在求解时间方面，图 5-16 展示了多选择型合成模式下 EFWA 求解卫星调度问题分别采用 AllCase、MS、CG 三种任务合成方法对应的算法求解时间。基于 MS、CG 两种合成方法的算法较高效。例如，在卫星数为 1、任务数量达到 700 时，AllCase 对应的算法求解时间超过了 1700 s，CG 对应的算法求解时间为 687 s，MS 对应的算法求解时间不超过 220 s。卫星数为 3 颗时，AllCase 模式下对应的求解时间增长较高，在任务数为 300 个时已经达到了 5500 s；任务数增加到 700 个时，CG 对应的算法求解时间为 1900 s 左右，MS 对应的算法求解时间为 417 s 左右。虽然 AllCase 模式下卫星观测收益值最好，但此种模式下的求解时间代价是比较昂贵的。

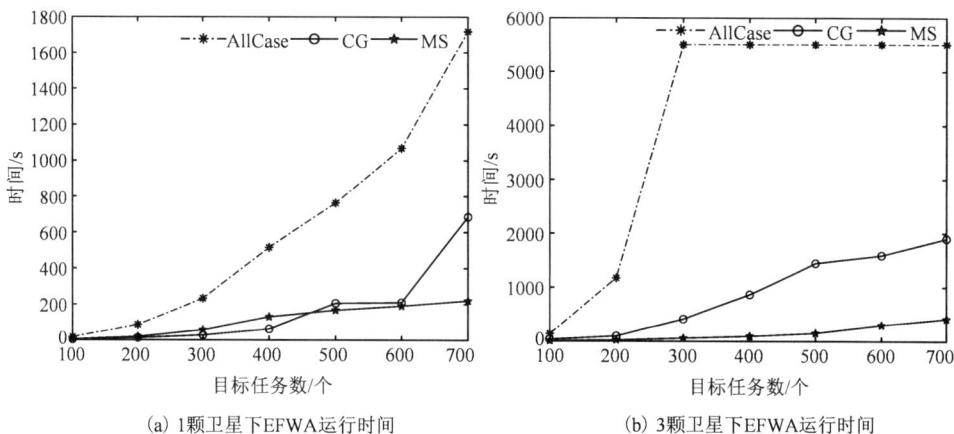

(a) 1 颗卫星下 EFWA 运行时间　　　　　(b) 3 颗卫星下 EFWA 运行时间

图 5-16　多选择型合成模式下 EFWA 运行时间

通过对比发现，CG 在唯一型合成模式下对应的算法求解效果劣于 MS，但在多选择型合成模式下的求解效果优于 MS。CG 在唯一型合成模式下对应的求解时间优于 MS，在多选择型合成模式下的求解效果高于 MS。因为基于 CG

任务合成方法是基于规则的合成方法，在多选择型合成模式下其解空间的多样性要远大于 MS，故对应的 EFWA 的算法求解时间较长、求解效果较优。

为了验证 EFWA 算法的稳定性，分别对基于任务合成方法（MS、CG）下的 EFWA 最优值、平均值、求解时间的方差进行分析。表 5-10 描述了几个描述统计数的方差，迭代次数定义为 100。表 5-10 中的方差数包含了任务合成与合成任务求解两个阶段，故方差值要比单个阶段的大。从表 5-10 中发现，在多选择型合成模式下 MS、CG 对应的算法求解效果都比较稳定。

表 5-10　连续 10 次实验 EFWA 关于最优值、平均值、求解时间的方差分析

任务合成方法	方差	任务/个						
		100	200	300	400	500	600	700
MS	σ_{best}^2	10.31	10.52	12.46	20.98	26.78	20.67	28.49
	σ_{mean}^2	15.71	1623	16.73	17.40	18.81	18.46	19.42
	σ_{time}^2	0.36	0.23	1.92	0.44	0.66	0.41	1.18
CG	σ_{best}^2	8.72	8.73	9.87	10.92	11.37	11.62	11.82
	σ_{mean}^2	13.21	14.93	15.96	16.87	17.64	16.98	18.94
	σ_{time}^2	0.36	0.28	0.33	0.25	0.34	0.34	0.39

5.6　本章小结

针对考虑共享服务模式的成像卫星资源调度问题，本章首先介绍了其问题描述与模型建立，然后基于问题特点设计了两种卫星调度算法，并对共享服务模式下成像卫星调度问题进行实验设计与求解。在案例分析中，对 EACO、EFWA 两种算法分别在两种不同任务合成模式（唯一型与多选择型合成模式）下进行了算法设计与实验分析。实验结果证明了基于任务合成的 EACO 与 EFWA 的两阶段求解算法都能有效地得到当前最优解。

在资源相对稀缺的情况下，采用基于 MS、CG 的任务合成方法不仅能够提高卫星资源的利用率，使得观测收益值大大增加，而且还可以大大降低算法的

求解时间。特别的，在唯一型合成模式下，基于 MS 合成方法的卫星观测收益较好；在多选择型合成模式下，基于 CG 合成方法的卫星观测收益较好。对于同一成像卫星的合成任务调度问题，EFWA 算法在求解效果上表现更优，EACO 在求解时间上更高效。

参考文献

[1] 方晨，王凌. 资源约束项目调度研究综述[J]. 控制与决策，2010，25(5)：641-650.

[2] 王凌，郑环宇，郑晓龙. 不确定资源受限项目调度研究综述[J]. 控制与决策，2014，29(4)：577-584.

[3] 邢立宁. 知识型智能优化方法及其应用研究[D]. 长沙：国防科学技术大学，2009.

[4] 游春霞. 煤矿工作面可见光通信系统光源布局优化研究[D]. 徐州：中国矿业大学，2017.

[5] LI Y, ZOU X, KANG L, et al. A new dynamical evolutionary algorithm based on statistical mechanics[J]. Journal of Computer Science and Technology, 2003, 18(3)：361-368.

[6] GOUDET A, DORE C, HYPPOLITE S R, et al. Integrated place-based primary interventions：Levers and tensions related to multilevel governance for community integrated pathways, A multiple case study[J]. Health Services Insights, 2024, 17：1-12.

[7] TANG M Y, GRAHAM F, O'DONNELL A, et al. Effectiveness of shared medical appointments delivered in primary care for improving health outcomes in patients with long-term conditions：A systematic review of randomised controlled trials[J]. BMJ Open, 2024, 14(3)：e067252.

[8] BATHALAPALLI V K, MOHANTY S P, KOUGIANOS E, et al. PUF chain 3.0：Hardware-assisted distributed ledger for robust authentication in healthcare cyber-physical systems[J]. Sensors, 2024, 24(3)：938.

[9] SUN X, TANG Q, LU Q. Security load frequency control model of interconnected power system based on deception attack[J]. Plos One, 2024, 19(2)：e0298889.

[10] CHIPARDAZ M, AMRAEE S, SARLAK A. Joint downlink user association and interference avoidance with a load balancing approach in backhaul-constrained HetNets[J]. Plos One, 2024, 19(3)：0298352.

［11］ SHEN D, LUO J, DONG F, et al. Enabling distributed and optimal RDMA resource sharing in large-scale data center networks：Modeling, analysis, and implementation ［J］. IEEE/ACM Transactions on Networking, 2023, 31(6)：2745-2760.

［12］ CHIBA-OKABE H, PLOTKIN J B. Can institutions foster cooperation by wealth redistribution? ［J］. Journal of the Royal Society Interface, 2024, 21(212)：1-14.

［13］ WANG N, ZHOU R, HAN L, et al. Online scheduling of distributed machine learning jobs for incentivizing sharing in multi-tenant systems［J］. IEEE Transactions on Computers, 2022, 72 (3)：653-667.

［14］ HE N, ZHANG D Z, YUCE B. Integrated multi-project planning and scheduling-A multiagent approach［J］. European Journal of Operational Research, 2022, 302 (2)：688-699.

［15］ TAN W, YUAN X, WANG J, et al. Multi-objective teaching-learning-based optimization algorithm for carbon-efficient integrated scheduling of distributed production and distribution considering shared transportation resource［J］. Journal of Cleaner Production, 2023, 406：137061.

［16］ ZHAO F. A resource sharing system for music education using the entropy technology ［J］. Mobile Information Systems, 2022(2)：1-10.

［17］ SEO D, JUNG K, ROH H, et al. High-efficiency resource allocation scheme introducing the concept of resource sharing paths in industrial IoT［J］. IEEE Access, 2023：63821-63833.

［18］ CUI W, CHEN X, LIU B, et al. Research on a scheduling model for social emergency resource sharing based on emergency contribution index［J］. Sustainability, 2023, 15 (17)：13029.

［19］ MA L, XIN M H, WANG Y J, et al. Dynamic scheduling strategy for shared agricultural machinery for on-demand farming services ［J］. Mathematics, 2022, 10 (21)：3933.

［20］ ZHANG C, WU F, WANG H, et al. A deep reinforcement learning model for a two-layer scheduling policy in urban public resources［J］. IEEE Internet of Things Journal, 2023 (11)：2712-2727.

［21］ SAYYADI A, ESMAEELI H, HOSSEINIAN A H. A community detection approach for the resource leveling problem in a multi-project scheduling environment［J］. Computers & Industrial Engineering, 2022, 169：108202.

［22］ YOU W, XU Z, ZHAO S. A two-layer approach for the decentralized multi-project scheduling problem sharing multi-skilled staff［J］. IEEE Access, 2024(12)：29204-29221.

［23］ SYSTEMS M I. Retracted：Large-scale scheduling model based on improved ant colony algorithm［J］. 2023, 2022：9116-9121.

［24］ JAMIL B, IJAZ H, SHOJAFAR M, et al. IRATS: A DRL-based intelligent priority and deadline-aware online resource allocation and task scheduling algorithm in a vehicular fog network[J]. Ad Hoc Networks, 2023, 141: 103090.

［25］ 白保存, 贺仁杰, 李菊芳, 等. 卫星单轨任务合成观测问题及其动态规划算法[J]. 系统工程与电子技术, 2009, 31(7): 1738-1742.

［26］ 白保存, 慈元卓, 陈英武. 基于动态任务合成的多星观测调度方法[J]. 系统仿真学报, 2009, 21(9): 2646-2649.

［27］ 白保存, 陈英武, 贺仁杰, 等. 基于分解优化的多星合成观测调度算法[J]. 自动化学报, 2009, 35(005): 596-604.

［28］ 白保存. 考虑任务合成的成像卫星调度模型与优化算法研究[D]. 长沙: 国防科学技术大学, 2008.

［29］ 许语拉, 徐培德, 王慧林, 等. 基于团划分的成像侦察任务聚类方法研究[J]. 运筹与管理, 2010, 19(004): 143-149.

［30］ 王钧, 李军, 陈慧中. 一种应急条件对地观测卫星成像调度方法[J]. 电子学报, 2008, 36(009): 1715-1722.

［31］ LIU X, LAPORTE G, CHEN Y, et al. An adaptive large neighborhood search meta heuristic for agile satellite scheduling with time-dependent transition time[J]. Computers and Operations Research, 2017, 86: 41-53.

［32］ 张铭, 王晋东, 卫波. 基于改进烟花算法的密集任务成像卫星调度方法[J]. 计算机应用, 2018, 38(9): 2712-2719.

［33］ PALACÍN C G, PITARCH J L, VILAS C, et al. Integrating continuous and batch processes with shared resources in closed-loop scheduling: A case study on tuna cannery[J]. Industrial & Engineering Chemistry Research, 2023, 62(23): 9278-9289.

［34］ DENG J, CHEN X, WEI W, et al. Resource coordination scheduling optimisation of logistics information sharing platform considering decision response and competition[J]. Computers & Industrial Engineering, 2023, 176: 108892.

［35］ FANG J, LIN S, YANG H, et al. A perceptual and predictive batch-processing memory scheduling strategy for a CPU-GPU heterogeneous system[J]. Frontiers of Information Technology & Electronic Engineering, 2023, 24(7): 994-1006.

［36］ ZHAO X, WANG G. Deep Q networks-based optimization of emergency resource scheduling for urban public health events[J]. Neural Computing and Applications, 2023, 35(12): 8823-8832.

［37］ GU R, CHEN Y, LIU S, et al. Liquid: Intelligent resource estimation and network-efficient scheduling for deep learning jobs on distributed GPU clusters[J]. IEEE Transactions on Parallel and Distributed Systems, 2021, 33(11): 2808-2820.

［38］ 李靖平, 罗宇龙, 刘洋. 信息资源管理[M]. 长春: 吉林出版集团股份有限公

司, 2018.

[39] 吴忠, 朱君璇. 信息资源管理[M]. 北京:清华大学出版社, 2011.

[40] 孙健夫, 陈兰杰, 金胜勇. 信息资源共建共享投资效益评估研究[M]. 北京:人民出版社, 2014.

[41] 程焕文, 潘燕桃. 信息资源共享[M]. 北京:高等教育出版社, 2016.

[42] KENT A, GALVIN T J. Library Resource Sharing[C]//DEKKER M. Conference on Resource Sharing in Libraries, University of Pittsburgh, 1977.

[43] 李旭, 王建春, 周勇. 共享汽车概论[M]. 北京:北京大学出版社, 2017.

[44] 乌家培. 经济信息与信息经济[M]. 北京:中国经济出版社, 1991.

[45] WANG L, ZHENG X L. A knowledge-guided multi-objective fruit fly optimization algorithm for the multi-skill resource constrained project scheduling problem[J]. Swarm and Evolutionary Computation, 2017(38): 54-63.

[46] 王凌, 王圣尧, 方晨. 分布估计调度算法[M]. 北京:清华大学出版社, 2017.

[47] BŁAŻEWICZ J. CELLARY W, SLOWINSKI R, et al. Scheduling under resource constraints-deterministic models[J]. Annals of Operations Research, 1986, 31(3): 388-389.

[48] KOLISCH R, PADMAN R. An integrated survey of deterministic project scheduling [J]. Omega, 2001, 29(3): 249-272.

[49] BÖTTCHER J, DREXL A, KOLISCH R, et al. Project scheduling under partially renewable resource constraints[M]. INFORMS, 1999, 45(4): 543-59.

[50] CHEN Y L, RINKS D, TANG K. Critical path in an activity network with time constraints [J]. European Journal of Operational Research, 1997, 100(1): 122-133.

[51] 寿涌毅. 资源受限多项目调度的模型与方法[M]. 杭州:浙江大学出版社, 2010.

[52] COLLINS R T. Mean-shift blob tracking through scale space[C]//2003 IEEE Computer Society Conference on Computer Vision and Pattern Recognition. IEEE, 2003: 234-234.

[53] 姚琪, 殷智, 易云飞, 等. 具有 Hub 聚集特性的分形网络优化模型分析[J]. 计算机工程, 2017, 43(004): 239-243.

[54] 张宪超. 数据聚类[M]. 北京:科学出版社, 2017.

[55] SEIDMAN S B. Rethinking backcloth and traffic: Perspectives from social network analysis and Q-analysis[J]. Planning and Design, 1983, 10(4): 439-456.

[56] RADICCI F, CASTELLANO C, CECCONI F, et al. Defining and identifying communities in networks[J]. Proceedings of the National Academy of Sciences of the United States of America, 2004, 101(9): 2658-2663.

[57] DAVIES D L, BOULDIN D W. A Cluster Separation Measure[J]. IEEE Transactions on Pattern Analysis and Machine Intelligence, 1979, 1(2): 224-227.

[58] REN L, YAN N, WANG Z Y, et al. Problem of "Difficulty and High Cost of Treatment" in

Pediatric Hospitals[J]. China Health Industry, 2016.

［59］ YU D Z. Perfecting the medical security system: The fundamental solution to the issue of inadequate and overly expensive medical services ［J］. Chinese Journal of Hospital Administration, 1996, 12: 73.

［60］ XING C L, PENG M Q. Current situation of and rethinking on the implementation of graded medical treatment system in china［J］. Chinese Journal of Medical Management Sciences, 2015, 5(2): 9–13.

［61］ ZHOU Y, LI K, HUANG J. Analysis on unharmonious factors influencing hospital and patient relationship and their countermeasures［J］. Chinese Hospitals, 2011, 15(9): 58–61.

［62］ ZHANG W J, HAO Y H, QH W. Reasons and countermeasures of the nervous doctor-patient relationship in china[J]. Medicine and Society, 2014, 27(4): 44–46.

［63］ GAO J Q. Discussing the emergence of contradiction between doctors and patients and development of harmonious relationship[J]. Chinese Health Service Management, 2011, 28(3): 181–3.

［64］ REN Z Y, WANG X. Improving the relationship of doctor-patient from the view of customers' perception of service quality ［J］. Medical Higher Vocationaled Ucation and modern nursing: 2019, 2(2): 79–82.

［65］ CHEN Y, LIN L I, ZENG H T. Analysis of the effectiveness and revised policies of the entirety quality evaluation of medical services in Shenzhen ［J］. Chinese Journal of Social Medicine, 2019, 36(2): 86–88.

［66］ KENNEDY M R, BOYCE N W, LOGAN ME. Quality management in Australian emergency medicine: Translation of theory into practice ［J］. International Journal for Quality in Health Care, 1999, 11(4): 329–336.

［67］ FITZPATRICK, R. Surveys of patients satisfaction: I-Important general considerations ［J］. BMJ, 1991, 302(6781): 887–889.

［68］ BAKER R. The reliability and criterion validity of a measure of patients' satisfaction with their general practice[J]. Family Practice, 1991, 8(2): 171–7.

［69］ YU J, XING L N, TAN X, et al. Doctor-patient combined matching problem and its solving algorithms[J]. IEEE Access, 2019, 7: 177723–177733.

［70］ 朱力, 袁迎春. 现阶段我国医患矛盾的类型、特征与对策[J]. 社会科学研究, 2014 (6): 104–111.

［71］ HARPER P R, GAMLIN H M. Reduced outpatient waiting times with improved appointment scheduling: A simulation modelling approach[J]. OR Spectrum, 2003, 25(2): 207–222.

［72］ YAN C, TANG J, JIANG B. Sequential appointment scheduling considering walk-in patients［J］. Mathematical Problems in Engineering, 2014, 2014(4)：1-12.

［73］ KAMIURA N, SAITOH A, ISOKAWA T, et al. On waiting-time estimation for outpatients at department of ophthalmology［C］//2012 Fifth International Conference on Emerging Trends in Engineering and Technology. IEEE, 2012：24-29.

［74］ CHEN P S, HONG I H, HOU Y, et al. Healthcare scheduling policies in a sequence-number based appointment system for outpatients arrivals：Early, on time, or late?［J］. Computers & Industrial Engineering, 2019, 130：298-308.

［75］ CHEN J, LI K, TANG Z, et al. A parallel patient treatment time prediction algorithm and its applications in hospital queuing-recommendation in a big data environment［J］. IEEE Access, 2016, 4：1767-1783.

［76］ 孟祖平, 谢小磊. 基于诊疗流程的专科医院布局设计改进探讨［J］. 中华医院管理杂志, 2016(32)：717-720.

［77］ 田玮, 张川, 庞博文, 等. 基于仿真模型的眼科门诊流程改善研究［J］. 中国医院管理, 2019, 39(3)：44-46.

［78］ 张文娟, 郝艳华, 吴群红, 等. 我国医患关系紧张的原因及对策［J］. 医学与社会, 2014, 27(4)：44-46.

［79］ MCCOLl-KENNEDY J R, VARGO S L, DAGGER T S, et al. Health care customer value cocreation practice styles［J］. Journal of Service Research, 2012, 15(4)：370-389.

［80］ BARILE S, SAVIANO M, POLESE F. Information asymmetry and co-creation in health care services［J］. Australasian Marketing Journal, 2014, 22(3)：205-217.

［81］ LI W L. Research on the doctor-patient contradiction and control risk based on asymmetric information horizon［J］. Journal of Xiangtan University (Philosophy and Social Sciences), 2015, 39(5)：47-50.

［82］ LU X F, ZHANG S. Influence of information asymmetry on doctor-patient relationship and countermeasures-taking citizen participation as the main point of view［J］. China Medical Herald, 2019, 16(2)：169-173.

［83］ SHUKUI L. Value analysis of doctor-patient shared decision making in diagnosis and treatment of breast cancer［J］. Medicine and Society, 2019, 32(8)：65-67.

［84］ 刘谦. 关于构建和谐医患关系的思考［J］. 医学与哲学, 2006(12)：21-23.

［85］ 王秀金. 关于构建和谐医患关系的思考［J］. 现代医院, 2009(7)：129-131.

［86］ 金彤, 李元香, 王珑, 等. 智能算法平台中设计模式的应用［C］//中国仪器仪表学会等编. 全国第20届计算机技术与应用学术会议(CACIS·2009)暨全国第1届安全关键技术与应用学术会议论文集(上册). 武汉：武汉大学软件工程国家重点实验室, 2009, 347-352.

［87］ CHEN J G, LI K L, RONG H G, et al. A disease diagnosis and treatment recommendation system based on big data mining and cloud computing［J］. Information Sciences, 2018,

435：124-149.

[88] CHEN P, WANG D. Improved genetic algorithm for solving winner determination in combinatorial auctions[J]. Journal of Northeastern University(Natural Science), 2004, 25：349-351.

[89] 邢立宁, 陈英武. 知识型智能优化方法研究[M]. 长沙：国防科技大学出版社, 2010.

[90] DORIGO M, BIRATTARI M, STÜTZLE T. Ant colony optimization[J]. IEEE Computational Intelligence Magazine, 2007, 1(4)：28-39.

[91] BLUM C. Ant colony optimization：Introduction and recent trends[J]. Physics of Life Reviews, 2005, 2(4)：353-373.

[92] 万芳, 邱林, 黄强. 水库群供水优化调度的免疫蚁群算法应用研究[J]. 水力发电学报, 2011(5)：234-239.

[93] CROES G A. A method for solving traveling-salesman problems[J]. Operations Research, 1958, 6(6)：791-812.

[94] LIN S. Computer solutions of the traveling salesman problem[J]. Bell Labs Technical Journal, 1965, 44(10)：2245-2269.

[95] GAMBARDELLA L M, DORIGO M. An ant colony system hybridized with a new local search for the sequential ordering problem[J]. Informs Journal on Computing, 2000, 12(3)：237-255.

[96] WANG F S, FAN J G, ZHANG Z, et al. The global burden of liver disease：The major impact of China[J]. Hepatology (Baltimore, Md.), 2015, 60(6)：2099-2108.

[97] GUAN R, LUI H F. Treatment of hepatitis B in decompensated liver cirrhosis[J]. International Journal of Hepatology, 2011, 2011(1)：918017.

[98] BERTUCCIO P, CHATENOUD L, LEVI F, et al. Recent patterns in gastric cancer：A global overview[J]. International Journal of Cancer, 2010, 125(3)：666-673.

[99] 杨蕴睿. 网络通信软件共享资源均衡调度仿真研究[J]. 计算机仿真, 2019, 36(5)：333-336.

[100] JHA S, DEVALIYA D, BERGSON S, et al. Hepatitis B knowledge among women of childbearing age in three slums in Mumbai：A cross-sectional survey[J]. Hepatology Medicine and Policy, 2016, 1(1)：1-8.

[101] YU J, XING L N, TAN X. The new treatment mode research of hepatitis B based on ant colony algorithm[J]. Journal of Combinatorial Optimization, 2019：1-20.

[102] HOE A K C, FONG L Y. Bone scintigraphy and tenofovir-induced osteomalacia in chronic hepatitis B[J]. Nuclear Medicine and Molecular Imaging, 2017, 51(2)：1-2.

[103] LI J, DONG M, REN Y J. How patient compliance impacts the recommendations for colorectal cancer screening[J]. Journal of Combinatorial Optimization, 2015, 30(4)：

920-937.

[104] DONG G P. Investigation on knowledge cognition of Hepatitis B and compliance with antiviral treatment in patients with chronic hepatitis B〔J〕. Chinese Journal of Public Health Management, 2018, 34(2):78-80+84.

[105] HONG L Y, NI Z X, HU Z F, et a. Investigation and analysis on the knowledge-attitude-practice(KAP) and influencing factors of hepatitis B prevention among the hepatitis B outpa-tients〔J〕. Modern Preventive Medicine, 2018, 45(8): 107-110.

[106] PHAM T T H, NgUYEN T X, NGOYEN D T, et al. Knowledge, attitudes and practices of hepatitis B prevention and immunization of pregnant women and mothers in northern Vietnam 〔J〕. Plos One, 2019, 14(4): e0208154.

[107] HE H Y, WU W S, ZHAO Y, et al. Current situation of the hepatitis B-related knowledge of the parents of HBV carriers and its effect on the mental state〔J〕. Modern Preventive Medicine, 2019, 46(1): 149-152.

[108] 许有磊. 基于蚁群优化算法的竞胜标确定问题研究[D]. 北京:清华大学, 2012.

[109] ANDERSSON A, TENHUNEN M, YGGE F. Integer programming for combinatorial auction winner determination〔C〕. International Conference on Multiagent Systems, 2000.

[110] AVENALI A, BASSANINI A. Simulating combinatorial auctions with dominance requirement and loll bids through automated agents〔J〕. Decision Support Systems, 2007, 43(1): 211-228.

[111] DE ANDRADE C E, TOSO R F, RESENDE M G C, et al. Biased random-key genetic algorithms for the winner determination problem in combinatorial auctions〔J〕. Evolutionary Computation, 2015, 23(2): 279-307.

[112] 周忠宝, 刘佩, 喻怀宁, 等. 考虑交易成本的多阶段投资组合评价方法研究[J]. 中国管理科学, 2015, 23(5): 1-6.

[113] 褚骁庚. 敏捷自主卫星调度算法研究[D]. 北京:国防科学技术大学, 2017.

[114] 王永刚, 刘玉文. 军事卫星及应用概论[M]. 北京:国防工业出版社, 2003.

[115] 何红艳, 乌崇德, 王小勇. 侧摆对卫星及 CCD 相机系统参数的影响和分析[J]. 航天返回与遥感, 2003(4): 14-18.

[116] LIU X L, BAI B C, CHEN Y W, et al. Multi satellites scheduling algorithm based on task merging mechanism〔J〕. Applied Mathematics and Computation, 2014, 230: 687-700.